Si tranquille qu'on se croie quand on aime, on a toujours l'amour dans son cœur en état d'équilibre instable.

Marcel Proust *(1871-1922, écrivain)*

Vendredi 1er janvier

Jour de l'An
Solennité de Ste Marie, Mère de Dieu

Le skieur français Clément Noël lutte pour obtenir une bonne place au cours de cette épreuve de slalom de Schladming, en Autriche. Lisi Niesner

J'ai pensé qu'on devrait se souhaiter une bonne semaine tous les lundis plutôt qu'une bonne année une seule fois tous les 365 jours.

Françoise Dorin *(1928-2018, comédienne)*

Vendredi 31 décembre

St Sylvestre Ier

L'Arc de Triomphe est pris dans les feux d'artifice du Nouvel An sur les Champs-Élysées. Benoit Tessier

Croyez-moi, les enfants n'aiment que l'inconnu.

Alfred de Musset *(1810-1857, écrivain)*

Sam 2 / dim 3 janvier

St Basile
Ste Geneviève

On a le sens du détail à Ronda, en Espagne, lorsqu'il s'agit de rejouer la visite des rois mages à la sainte Famille. **Jon Nazca**

L'amour, après tout, n'est qu'une curiosité supérieure, un appétit de l'inconnu qui vous pousse dans l'orage, poitrine ouverte et tête en avant.

GUSTAVE FLAUBERT *(1821-1880, ÉCRIVAIN)*

Jeudi **30** **décembre**

ST DAVID

C'est le grand saut pour le concurrent polonais sur le tremplin du championnat du monde à Engelberg (Suisse). ARND WIEGMANN

Tout ce qui n'est pas donné est perdu.

Proverbe sanskrit

Lundi **4 janvier**

Ste Angèle

C'est l'heure de refaire ses forces
pour cet écureuil du parc biélorusse de Minsk.
Vasily Fedosenko

Ne regardez pas le monde en touristes. Faites du bruit ! Repoussez dehors les craintes qui vous paralysent, afin de ne pas être changés en jeunes momifiés. FRANÇOIS *(NÉ EN 1936, PAPE ET ÉVÊQUE DE ROME)*

Mercredi 29 **décembre**

ST THOMAS BECKET

Prise par l'écran de son téléphone, la passante n'a pas un regard pour la belle œuvre murale. TOBY MELVILLE

Aujourd'hui, j'ai permis au soleil de se lever plus tôt que moi.

Georg Lichtenberg *(1742-1799, philosophe et physicien)*

Mardi **5 janvier**

St Édouard

Observée au plus près par un télescope américain à Hawaï, la surface du soleil révèle son incroyable structure.
NSO/NSF/AURA

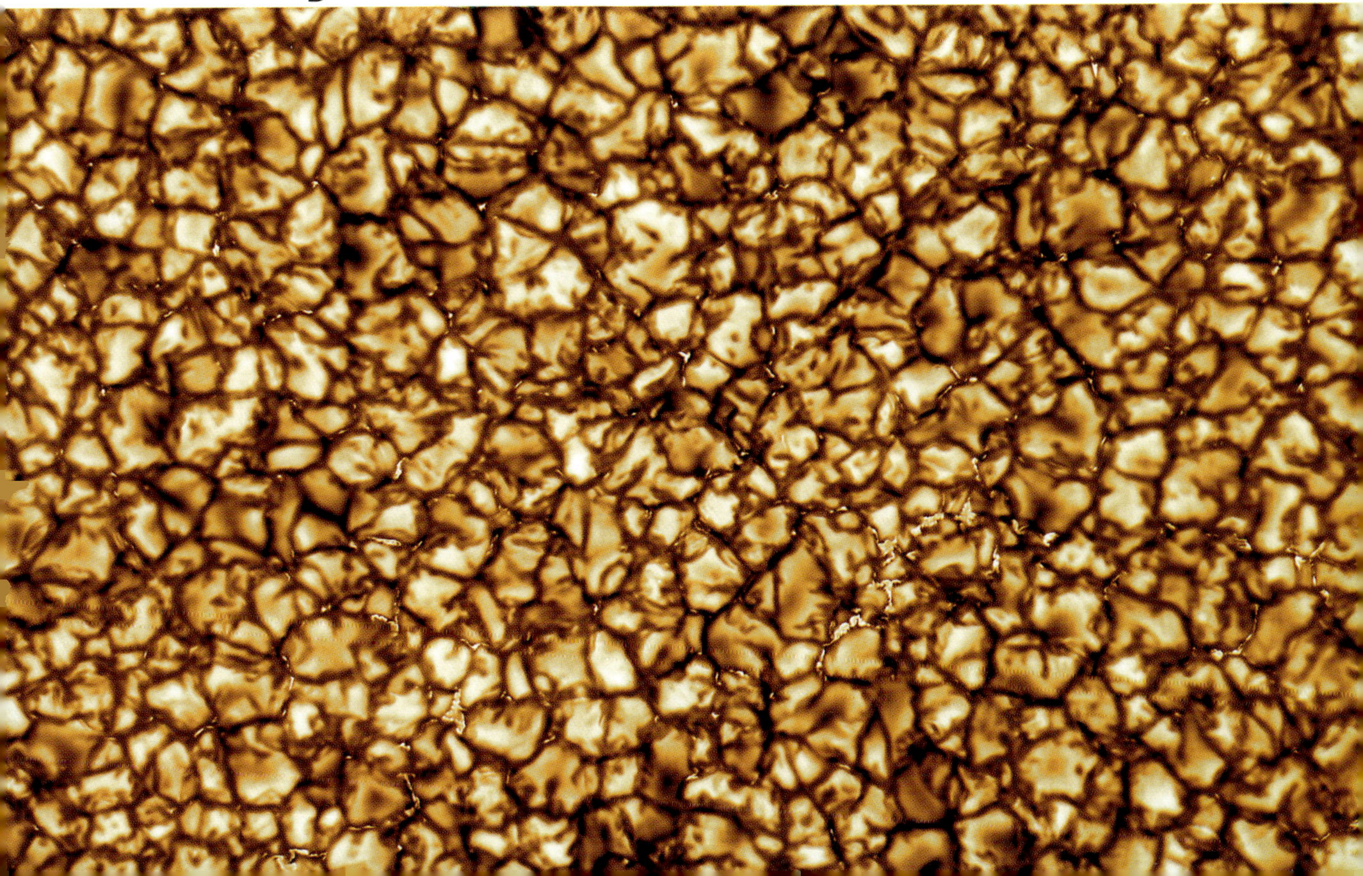

Qu'es-tu donc, toi qui m'aimeras ? Le miroir où je me regarde ou l'abîme où je me perds ?

GUSTAVE THIBON *(1903-2001, ÉCRIVAIN ET PHILOSOPHE)*

Mardi **28 décembre**

STS INNOCENTS

Peu importe le discours du président Trump à la Maison Blanche. Cette petite fille préfère s'amuser avec un miroir. KEVIN LAMARQUE

Serais-tu aussi chaste que la glace
et aussi pur que la neige,
tu n'échapperais pas à la calomnie.

WILLIAM SHAKESPEARE *(1564-1616, ÉCRIVAIN)*

Mercredi **6 janvier**

ÉPIPHANIE,
STE FANNY

Le festival annuel chinois de sculpture sur glace et neige, à Harbin, attire chaque année de nombreux admirateurs. ALY SONG

Il n'est pas donné à chacun de prendre un bain de multitude. Jouir de la foule est un art.

CHARLES BAUDELAIRE *(1821-1867, POÈTE)*

Lundi 27 décembre

ST JEAN L'ÉVANGÉLISTE

Dans Hyde Park, à Londres (Grande-Bretagne), des nageurs se préparent à leur bain annuel de la Nativité. HANNAH MCKAY

L'enfance trouve son paradis dans l'instant.
Elle ne demande pas du bonheur.
Elle est le bonheur.

LOUIS PAUWELS *(1920-1997, ÉCRIVAIN)*

Jeudi 7 janvier

ST RAYMOND

Durant quatre jours de fêtes dans le village brésilien de Piaracu, les enfants autochtones partagent aussi l'insouciance des jeux. RICARDO MORAES

Dieu ne nous demande pas de l'aimer à notre manière mais à la Sienne.

Madeleine Delbrel *(1904-1964, TRAVAILLEUSE SOCIALE)*

Sam **25** / dim **26** **déc.**

NATIVITÉ DU CHRIST
ST ÉTIENNE

Dans le centre de Bruxelles (Belgique), le théâtre royal de marionnettes donne son spectacle de Noël. **Francois Lenoir**

Souffrant d'insomnie, j'échangerais un matelas de plumes contre un sommeil de plomb.

Pierre Dac *(1893-1975, humoriste)*

Vendredi 8 janvier

St Lucien

Un peu de repos pour ces parachutistes américains du 504e régiment d'infanterie qui s'apprêtent à partir en mission au Moyen-Orient. Jonathan Drake

Pendant qu'ils étaient là,
le temps où elle devait enfanter fut accompli.
Et elle mit au monde son fils premier-né.

LUC *(Ier SIÈCLE AP. J.-C., ÉVANGÉLISTE)*

Vendredi 24 décembre

STE ADÈLE

Vue sur la cathédrale Saint-Jean, illuminée pour la nuit de Noël à Peshawar, au Pakistan.
FAYAZ AZIZ

Les hommes sont des anges stagiaires.

VICTOR HUGO *(1802-1885, POÈTE ET ÉCRIVAIN)*

Sam **9** / dim **10** **janvier**

BSE ALIX LE CLERC
ST GUILLAUME
DE BOURGES

Au cours de la semaine parisienne de la mode, le styliste Virgil Abloh fait défiler ses modèles dans les nuages. CHARLES PLATIAU

Notre société est comme un bal masqué. Chacun y cache sa véritable nature et la révèle par le choix de son masque.

RALPH WALDO EMERSON *(1803-1882, ESSAYISTE)*

Jeudi 23 décembre

Bx ARMAND

Bal de Noël pour les étudiants de cette école militaire de Minsk (Biélorussie).
VASILY FEDOSENKO

La vie n'est pas un problème à résoudre mais une réalité qui doit être vécue.

Soren Kierkegaard *(1813-1855, philosophe)*

Lundi **11** janvier

St Paulin d'Aquilée

Ces hommes de l'ethnie Samburu tentent de lutter contre les criquets qui envahissent leur village kenyan de Lemasulani. **Njeri Mwangi**

Le plus grand mensonge des parents à leurs enfants ne porte pas sur l'existence du père Noël mais sur la promesse tacite que ses cadeaux les rendront heureux. LAURENT GOUNELLE *(NÉ EN 1966, AUTEUR)*

Mercredi 22 décembre

STE FRANÇOISE XAVIÈRE CABRINI

Un père Noël sur le dos d'un dromadaire ? Bienvenue dans la vieille ville de Jérusalem pour un moment festif. AMMAR AWAD

Le sens de la vie supprimé, il reste encore la vie.

ALBERT CAMUS *(1913-1960, ÉCRIVAIN)*

Mardi 12 janvier

STE MARGUERITE BOURGEOYS

Ce koala a survécu à l'incendie de la forêt australienne près du Cap Borda, sur l'île Kangaroo, au sud-ouest d'Adelaïde. DAVID MARIUZ

Le cygne décore, embellit tous les lieux qu'il fréquente.

GEORGES, COMTE DE BUFFON *(1770-1783, NATURALISTE)*

Mardi 21 décembre

ST PIERRE CANISIUS

Cygne noir sur fond de neige blanche dans le zoo kazakh d'Almaty.
PAVEL MIKHEYEV

Ce n'est pas parce qu'en hiver on dit «Fermez la porte, il fait froid dehors», qu'il fait moins froid dehors quand la porte est fermée.

PIERRE DAC *(1893-1975, HUMORISTE)*

Mercredi 13 janvier

ST HILAIRE DE POITIERS

Au cours d'un cérémonial annuel au temple japonais de Kanda Myojin, à Tokyo, les hommes s'endurcissent par le froid. KIM KYUNG-HOON

En faisant scintiller notre lumière, nous offrons aux autres la possibilité d'en faire autant.

NELSON MANDELA *(1918-2013, HOMME POLITIQUE)*

Lundi **20 décembre**

ST ZÉPHYRIN

Dans ce restaurant de Doha (Qatar), les danseurs traditionnels en mettent plein la vue aux touristes.
PFAFFENBACH

On ne meurt pas d'un trou dans son pantalon sauf si l'on est scaphandrier.

HENRI DE TOULOUSE-LAUTREC *(1864-1901, PEINTRE)*

Jeudi **14** **janvier**

STE NINO

C'est la journée annuelle, pleine d'humour, des « transports en commun sans pantalon », à New-York. BRENDAN MCDERMID

La photographie est un éclair qui dans l'orage saisit l'instant qu'elle a foudroyé.

Rémy Donnadieu *(né en 1962, photographe)*

Sam **18** / dim **19** **déc.**

St Gatien de Tours
Bx Urbain V

Au large d'Artemida en Grèce, les éclairs d'orage sont à la fête.
Vassilis Triandafyllou

Si nous prenons la nature pour guide, nous ne nous égarerons jamais.

CICÉRON *(106 - 43 AV. J.-C., PHILOSOPHE ANTIQUE)*

Vendredi 15 janvier

St Rémi

Les rares pins de Wollemi en Australie ont été préservés des incendies par une escouade spéciale de pompiers.
NSW NPWS

On ne voyage pas pour se garnir d'exotisme et d'anecdotes comme un sapin de Noël. Mais pour que la route vous plume, vous rince, vous essore. NICOLAS BOUVIER *(1929-1998, VOYAGEUR ET PHOTOGRAPHE)*

Vendredi 17 décembre

ST JUDICAËL

Pour diminuer l'excès de sapins, les habitants d'Otterlo peuvent venir couper leur arbre.
PIROSCHKA VAN DE WOUW

Aimer, c'est comme jouer du piano : tu suis d'abord les règles, ensuite tu suis ton cœur.

OSCAR WILDE *(1854-1900, ÉCRIVAIN)*

Sam **16** / dim **17 janvier**

ST HONORAT
ST ANTOINE
LE GRAND

L'artiste suisse Alain Roche joue du piano, accroché à une grue d'un site de construction à Münich, en Allemagne. MICHAEL DALDER

Le blanc sonne comme un silence. Un rien avant tout commencement.

Vassily Kandinsky *(1866-1944, artiste)*

Jeudi 16 **décembre**

Ste Adelaïde

La neige a tout recouvert au sommet du mont Saentis, en Suisse.
Arnd Wiegmann

Shakespeare n'a jamais existé. Toutes ses pièces ont été écrites par un inconnu qui portait le même nom que lui.

Alphonse Allais *(1854-1905, journaliste)*

Lundi **18 janvier**

Ste Marguerite de Hongrie

Publié en 1623, ce premier livre contenant 36 pièces de Shakespeare, proposé aux enchères, est estimé à une valeur de 5 millions de dollars. Henry Nicholls

La confiance, c'est aussi cela : apprendre à accepter le monde et les autres comme imparfaits.

CHRISTOPHE ANDRÉ *(1956, PSYCHIATRE)*

Mercredi **15 décembre**

STE NINO

Carnet rose dans le zoo tchèque de Liberec : le girafon nouveau-né découvre le monde aux côtés de sa mère.
DAVID W CERNY

J'aime deux sortes d'hommes : ceux de mon pays et les étrangers.

MAE WEST *(1893-1980, ACTRICE)*

Mardi 19 janvier

ST GERMANICUS

Des membres de tribus autochtones brésiliennes posent au cours de leur rencontre dans le village de Piaraçu.
RICARDO MORAES

Deux choses participent à la connaissance : le silence tranquille et l'intériorité.

Siddhartha Gautama, dit le Bouddha *(563-483 av. J.-C., chef spirituel)*

Mardi 14 décembre

St Jean de la Croix

Pour cette journée du Nouvel An, les fidèles se recueillent dans le temple japonais de Meiji.
Issei Kato

Je crois que l'amitié demande presque autant d'art qu'une figure de danse réussie.

MARGUERITE YOURCENAR *(1903-1987, ÉCRIVAINE)*

Mercredi **20 janvier**

ST FABIEN

Les patineurs américains Jessica Calalang et Brian Johnson concourent à l'épreuve de figures libres à Séoul, en Corée du Sud. KIM HONG-JI

J'ai compris qu'il ne suffisait pas de dénoncer l'injustice. Il faut donner sa vie pour la combattre.

ALBERT CAMUS *(1913-1960, ÉCRIVAIN)*

Lundi 13 décembre

STE LUCIE DE SYRACUSE

Dans ce camp abandonné du village russe de Chernoluchye, une statue de deux boxeurs trône sous la neige. ALEXEY MALGAVKO

La beauté n'est pas dans les couleurs mais dans leur harmonie.

Marcel Proust *(1871-1922, écrivain)*

Jeudi **21** **janvier**

Ste Agnès de Rome

Pour sa prochaine saison printemps-été, le styliste Pierpaolo Piccioli propose des tenues toutes en douceur. **Francois Lenoir**

La nature est éternellement jeune, belle et généreuse. Elle possède le secret du bonheur. Et nul n'a su le lui ravir.

GEORGE SAND *(1804-1876, ROMANCIÈRE)*

Sam **11** /dim **12** **déc.**

ST DAMASE
ST CORENTIN

Sur le grand récif de la barrière de corail australienne, le spectacle reste saisissant.
LUCAS JACKSON

C’est la meilleure part de la beauté que celle qu’un tableau ne peut exprimer.

Francis Bacon *(1909-1992, peintre)*

Vendredi **22** **janvier**

St Vincent

Ces deux tableaux du peintre Fernand Léger sont présentés avant leur mise en vente à Londres, en Grande Bretagne.
Simon Dawson

Les enfants ne sont pas des vases que l'on remplit mais des feux que l'on allume.

Michel de Montaigne *(1533-1592, PHILOSOPHE)*

Vendredi 10 décembre

STE EULALIE

Un peu d'insouciance pour ces enfants qui sont hébergés dans un centre géré par un couple de survivants du tsunami de 2004. **P. Ravikumar**

Quand quelqu'un trouve son chemin, il ne peut pas avoir peur.

Paulo Coelho *(né en 1947, écrivain)*

Sam **23** /dim **24** janvier

St Ildefonse de Tolède
St François de Sales

Ombrelle en main, l'enfant poursuit sa route près de la ville kényane de Kiu. Baz Ratner

L'idéal du calme est dans un chat assis.

Jules Renard *(1864-1910, écrivain)*

Jeudi 9 décembre

Ste Léocadie

Dans ce magasin indonésien, des chats attendent d'être adoptés par de nouveaux maîtres.
Willy Kurniawan

Le sport consiste à déléguer au corps quelques-unes des vertus les plus fortes de l’âme.

Jean Giraudoux *(1882-1944, écrivain)*

Lundi **25 janvier**

Conversion de St Paul

Sur le casque du skieur Justin Murisier, le visage du peintre surréaliste Salvador Dali semble défier les curieux. **Stefan Wermuth**

La poésie, c'est le plus joli surnom que l'on donne à la vie.

Jacques Prévert *(1900-1977, poète)*

Mercredi 8 décembre

Fête de l'Immaculee Conception

Une énorme bulle de savon flotte dans les airs devant le dôme de la cathédrale Saint-Paul, à Londres (Grande-Bretagne). Hannah McKay

Il y aurait beaucoup de tendresse à apprendre des loups et beaucoup de férocité des tourterelles.

Yvan Audouard *(1914-2004, homme de lettres)*

Mardi 26 **janvier**

Sts Tite et Timothée

Des chiens de traîneau attendent leur tour pour cette course hivernale de Destne, en République tchèque.
David W. Cerny

Le silence devient un péché lorsqu'il prend la place qui revient à la protestation. Et d'un homme, il fait alors un lâche.

ABRAHAM LINCOLN *(1809-1865, PRÉSIDENT DES ÉTATS-UNIS)*

Mardi 7 décembre

ST AMBROISE DE MILAN

Ces grands yeux sont des panneaux que portent ces manifestants à Santiago, au Chili. PABLO SANHUEZA

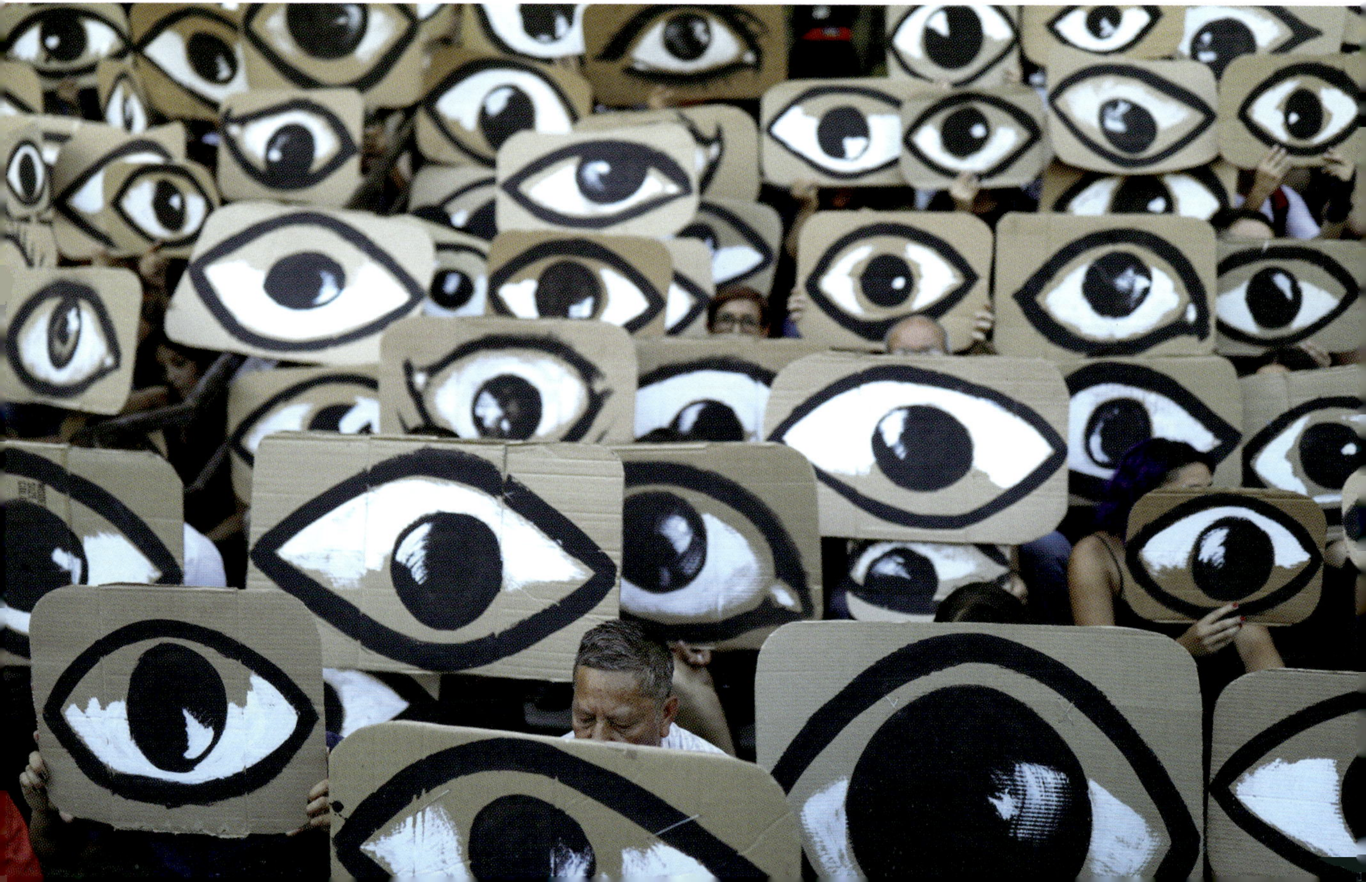

La prière est la sœur tremblante de l'amour.

VICTOR HUGO *(1802-1885, POÈTE ET ÉCRIVAIN)*

Mercredi 27 janvier

STE ANGÈLE MERICI

Lors d'un festival spirituel à Katmandou, au Népal, les fidèles hindous viennent remplir leur vase d'eau du fleuve Bagmati. NAVESH CHITRAKAR

La sainteté ne vient ni du turban ni de la barbe. Elle vient du cœur.

PROVERBE KURDE

Lundi **6** **décembre**

ST NICOLAS DE MYRE

Dans le centre de Prague (République tchèque), la fête de la Saint-Nicolas est l'occasion d'une procession traditionnelle. DAVID W. CERNY

C'est épatant, les artistes. Ils sont fous comme tout le monde, mais pas vraiment comme tout le monde.

Françoise Giroud *(1916-2003, journaliste)*

Jeudi 28 janvier

St Thomas d'Aquin

Qui sera la plus originale pour l'ouverture de la grande soirée californienne des Grammy Awards, à Los Angeles ?
Mike Blake

Je lui dirai les mots bleus.
Les mots qu'on dit avec les yeux.

CHRISTOPHE *(1945-2020, CHANTEUR ET MUSICIEN)*

Sam **4** / dim **5 décembre**

STE BARBE
ST GÉRALD

À Lalitpur (Népal), les curieux découvrent l'installation « Lunatic » de l'artiste Milan Rai. NAVESH CHITRAKAR

Il n'est pas de gloire plus grande pour un homme que de montrer la légèreté de ses pieds et la force de ses bras.

Homère *(vers le VIIIe s. av. J.-C., poète antique)*

Vendredi 29 janvier

St Gildas

Le joueur serbe de tennis Novak Djokovic s'envole au cours de ce match de l'Open d'Australie, à Melbourne. Kai Pfaffenbach

**Non, bien sûr, nous n'étions pas seuls.
Mais nous étions uniques.
Comme les autres.**

JEAN-LOUP DABADIE *(1938-2020, PAROLIER)*

Vendredi 3 décembre

ST FRANÇOIS XAVIER

Le flash d'un photographe saisit au passage le regard de la chanteuse Taylor Swift.
MIKE BLAKE

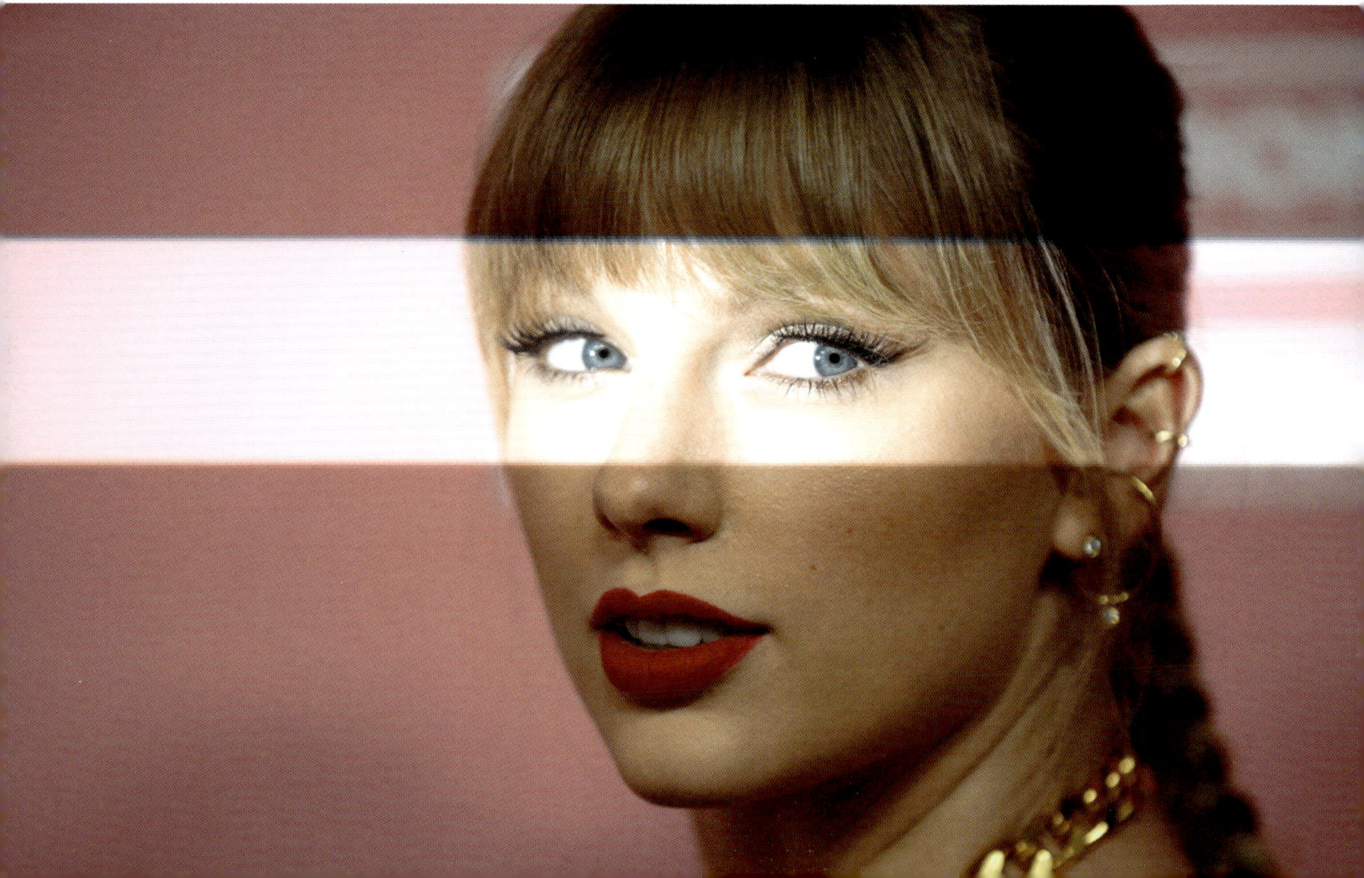

Tous les yeux regardent, peu observent, très peu voient.

ALBERT SANCHEZ PINOL *(NÉ EN 1965, ANTHROPOLOGUE)*

Sam 30 / dim 31 **janvier**

STE MARTINE
ST JEAN BOSCO

Défilé spectaculaire des modèles de Feng Cheng Wang au cours de la semaine londonienne de la mode. YOUSSEF BOUDLAL

La route n'a pas de poids. Mais la fatigue en a.

CHARLES DE LEUSSE *(NÉ EN 1976, ÉCRIVAIN)*

Jeudi 2 décembre

STE BIBIANE

Près du sanctuaire de Saint-Lazare, à Rincon (Cuba), certains pèlerins s'avancent en traînant littéralement un lourd fardeau. ALEXANDRE MENEGHINI

Il ne faut pas avoir peur des vagues qui agitent votre âme. C'est ça, la vie.

HWANG SOK-YONG *(NÉ EN 1943, ÉCRIVAIN SUD CORÉEN)*

Lundi 1er février

STE BRIGITTE DE KILDARE

Au cours d'une tempête, des vagues immenses se jettent sur les murs du port de Newhaven, dans le sud de la Grande-Bretagne. TOBY MELVILLE

Il nous promit que tout irait bien. J'étais une enfant mais je savais bien que tout n'irait pas bien. Cela ne faisait pas de mon père un menteur. Cela faisait de lui un père. JONATHAN SAFRAN FOER *(NÉ EN 1977, ÉCRIVAIN)*

Mercredi 1er décembre

ST ELOI

Au Pakistan, une petite fille, porteuse du virus du sida, est soutenue par son père.
AKHTAR SOOMRO

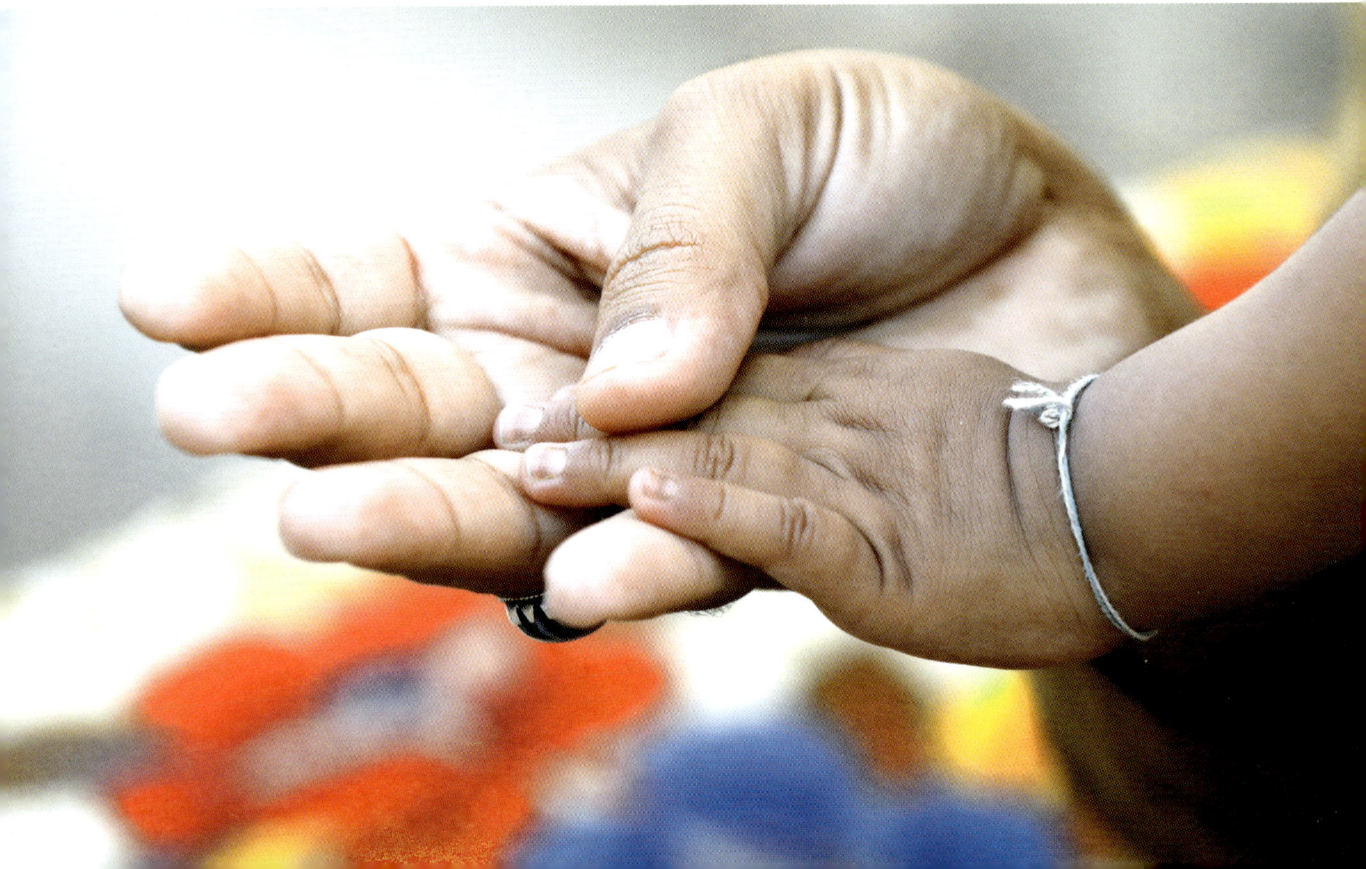

On ne nous donne qu'un seul petit grain de folie, et si on le perd, on n'est plus rien.

Robin Williams *(1951-2014, comédien)*

Mardi 2 février

Présentation de Jésus au Temple

À Almaty, au Kazakhstan, tout est fait pour mettre en valeur les crêpes traditionnelles.
Shamil Zhumatov

L'endroit le plus sombre est juste sous la bougie.

PROVERBE CORÉEN

Mardi **30** **novembre**

ST ANDRÉ

Le candélabre traditionnel vient d'être allumé pour la fête juive de Hanoukah dans cette maison de la ville israélienne de Bnei Brak. NIR ELIAS

Le rêve est l'aquarium de la nuit.

VICTOR HUGO *(1802-1885, ÉCRIVAIN ET POÈTE)*

Mercredi **3 février**

ST BLAISE DE SÉBASTE

Splendeur des méduses dans ce ballet marin capté dans les bassins de l'aquarium de Prague, en République tchèque. DAVID W CERNY

Au milieu de l'hiver, j'ai découvert en moi un invincible été.

Albert Camus *(1913-1960, écrivain)*

Lundi **29 novembre**

St Sernin

Assis sur une voiture, ce chien garde la maison de ses maîtres, dans le village russe de Varzuga.
Maxim Shemetov

Lorsque les masques seront jetés à terre sans regrets, alors les humains seront enfin des hommes.

Pierre Josset *(né en 1968, écrivain)*

Jeudi 4 **février**

Ste Véronique

C'est la nuit des « hommes sauvages » durant la fête autrichienne de Shrovetide, à Telfs.
Leonhard Foeg

Le cantique spirituel est un poème du désir, une célébration de la sortie de la nuit vers la joie de l'exaucement.

Jean de la Croix *(1542-1591, religieux et mystique)*

Sam **27** / dim **28** **nov.**

St Siffrein
Ste Catherine
Labouré / Avent

Pour le premier dimanche de l'Avent, les choristes de la cathédrale anglaise de Salisbury chantent avec leurs lumignons dans la nuit. Henry Nicholls

La tendresse, c'est mon regard émerveillé sur ce que tu me donnes, c'est ton regard ébloui sur ce que je t'offre.

Jacques Salomé *(né en 1935, psycho-sociologue)*

Vendredi 5 février

Ste Agathe de Catane

Monet, Renoir, Chagall : les projections lumineuses de leurs peintures à Paris rendent toute la magie de leur travail visionnaire. **Benoit Tessie**

Pour faire un jardin, il faut un morceau de terre et l'éternité.

GILLES CLÉMENT *(NÉ EN 1943, JARDINIER)*

Vendredi 26 novembre

ST INNOCENT D'IRKOUTSK

Pour la fête du Diwali au Népal, ces jeunes femmes cueillent des œillets pour les vendre au marché.
NAVESH CHITRAKAR

Vivre, c'est d'abord se tenir prêt à recevoir le ciel sur la tête.

Yasmina Khadra *(né en 1955, écrivain)*

Sam 6 / dim 7 février

St Gaston
Bse Eugénie Smet

Le match de rugby entre les Rhinos de Leeds et le Hull FC bat son plein, en Grande-Bretagne. **Ed Sykes**

L’illumination n’est que la vision soudaine, par l’Esprit, d’une route lentement préparée.

ANTOINE DE SAINT-EXUPÉRY *(1900-1944, AVIATEUR ET POÈTE)*

Jeudi **25 novembre**

STE CATHERINE D’ALEXANDRIE

Encore un peu de temps et c’est Noël. Il est temps d’admirer les illuminations sur les Champs-Elysées, à Paris. CHRISTIAN HARTMANN

Quand on aime, les mots sont trop petits pour contenir notre âme trop grande.

SUZANNE NECKER *(1737-1794, FEMME DE LETTRES)*

Lundi 8 février

STE JOSÉPHINE BAKHITA

Au milieu des confettis, le capitaine de l'équipe gagnante de football américain de Kansas City laisse éclater sa joie. SHANNON STAPLETON

Le vœu fait dans la tempête est oublié dans le calme.

THOMAS FULLER *(1608-1661, SCIENTIFIQUE ET HISTORIEN)*

Mercredi **24 novembre**

STES FLORA ET MARIE

La tempête qui s'est abattue sur la ville de Cagnes-sur-Mer (Alpes-Maritime) a emporté ces bateaux de pêche. ERIC GAILLARD

L'ambition de tout savoir fait qu'on ne sait rien d'une manière approfondie.

PUBLILIUS SYRUS *(Ier SIÈCLE AV. J.-C., POÈTE LATIN.)*

Mardi 9 février

STE APOLLINE

Le modèle de Marc Jacobs qui défile lors de la semaine de mode à New-York (États-Unis), ne passe pas inaperçu. IDRIS SOLOMON

Et qu'est-ce qu'une révolution ? Un souffle d'air qui ride l'océan, s'en va et laisse la mer agitée.

Gustave Flaubert *(1821-1880, écrivain)*

Mardi 23 novembre

St Clément Ier

Les chevaux des forces montées chiliennes portent aussi des protections durant ces manifestations dans la banlieue de Santiago. Jorge Silva

J'aime les paysans. Ils ne sont pas assez savants pour raisonner de travers.

CHARLES DE MONTESQUIEU *(1689-1755, PHILOSOPHE)*

Mercredi 10 février

STE SCHOLASTIQUE

Les Indiens de la communauté Oruro, en Bolivie, présentent leurs offrandes à la Pachamama, pour demander santé et prospérité. DAVID MERCADO

Il y a souvent moins de danger dans les choses que nous craignons que dans les choses que nous désirons.

JOHN C. COLLINS *(NÉ EN 1949, PHYSICIEN)*

Lundi **22 novembre**

STE CÉCILE DE ROME

Une impressionnante et dangereuse vague soulève ce surfeur à Praia do Norte, au Portugal.
RAFAEL MARCHANTE

Donner la main à quelqu'un a toujours été ce que j'ai espéré de la joie.

CLARICE LISPECTOR *(1920-1977, FEMME DE LETTRES)*

Jeudi 11 février

NOTRE DAME DE LOURDES

Les danseurs du ballet national de l'opéra de Vienne s'en donnent à cœur joie au cours de l'ouverture traditionnelle du bal autrichien. LISI NIESNE

Le premier homme de la préhistoire qui composa un bouquet de fleurs fut le premier à quitter l'état animal : il comprit l'utilité de l'inutile.

OKAKURA KAKUZO *(1862-1913, AUTEUR ET INTELLECTUEL)*

Sam 20 / dim 21 nov.

ST EDMOND LE MARTYR
PRÉSENTATION DE LA BIENHEUREUSE VIERGE MARIE

Devant le cimetière ivoirien de Williamsville à Abidjan, ce jeune garçon propose des fleurs pour décorer les tombes. LUC GNAGO

Ce que j'aime dans les voyages, c'est l'étonnement du retour.

HENRI BEYLE DIT STENDHAL *(1783-1842, ÉCRIVAIN)*

Vendredi **12 février**

BSE OMBELINE

Une nouvelle année lunaire commence à Djakarta, en Indonésie. Des spectacles sont offerts aux curieux pour l'occasion. APRILLIO AKBAR

Dans bien des campagnes autour du monde, il existe des gens qui n'ont jamais vu de leur vie de papier toilette.

Kathleun Meyer *(NÉE EN 1942, AUTEURE ET PHOTOGRAPHE)*

Vendredi 19 **novembre**

ST TANGUY

Dans le village de Pape Lealea, en Papouasie-Nouvelle-Guinée, ces toilettes sont bien loin, au fond du jardin. **David Gray**

L'amour est le seul moyen de rester vivant.

GAËTAN FAUCER *(NÉ EN 1975, DRAMATURGE)*

Sam 13 / dim 14 février

ST GILBERT
STS CYRILLE
ET MÉTHODE

La fête traditionnelle des crêpes est aussi l'occasion, à Sudal, en Russie, d'organiser d'étonnants combats de jars. MAXIM SHEMETOV

J'ai connu un temps où la principale pollution venait de ce que les gens secouaient leurs tapis par la fenêtre.

GILBERT CESBRON *(1913-1979, ÉCRIVAIN)*

Jeudi **18 novembre**

STE AUDE

Bien que les eaux du fleuve indien Yamuna soient polluées, ces femmes hindouistes viennent encore y vénérer leur divinité solaire. ADNAN ABID

On ne peut pas faire de grandes choses, rien que des petites avec un immense amour.

MÈRE TERESA *(1910-1997, RELIGIEUSE)*

Lundi 15 février

ST CLAUDE LA COLOMBIÈRE

Après la semaine de la mode à Kiev, en Ukraine, il faut remettre de l'ordre dans ce monde de paillettes éphémères. GLEB GARANICH

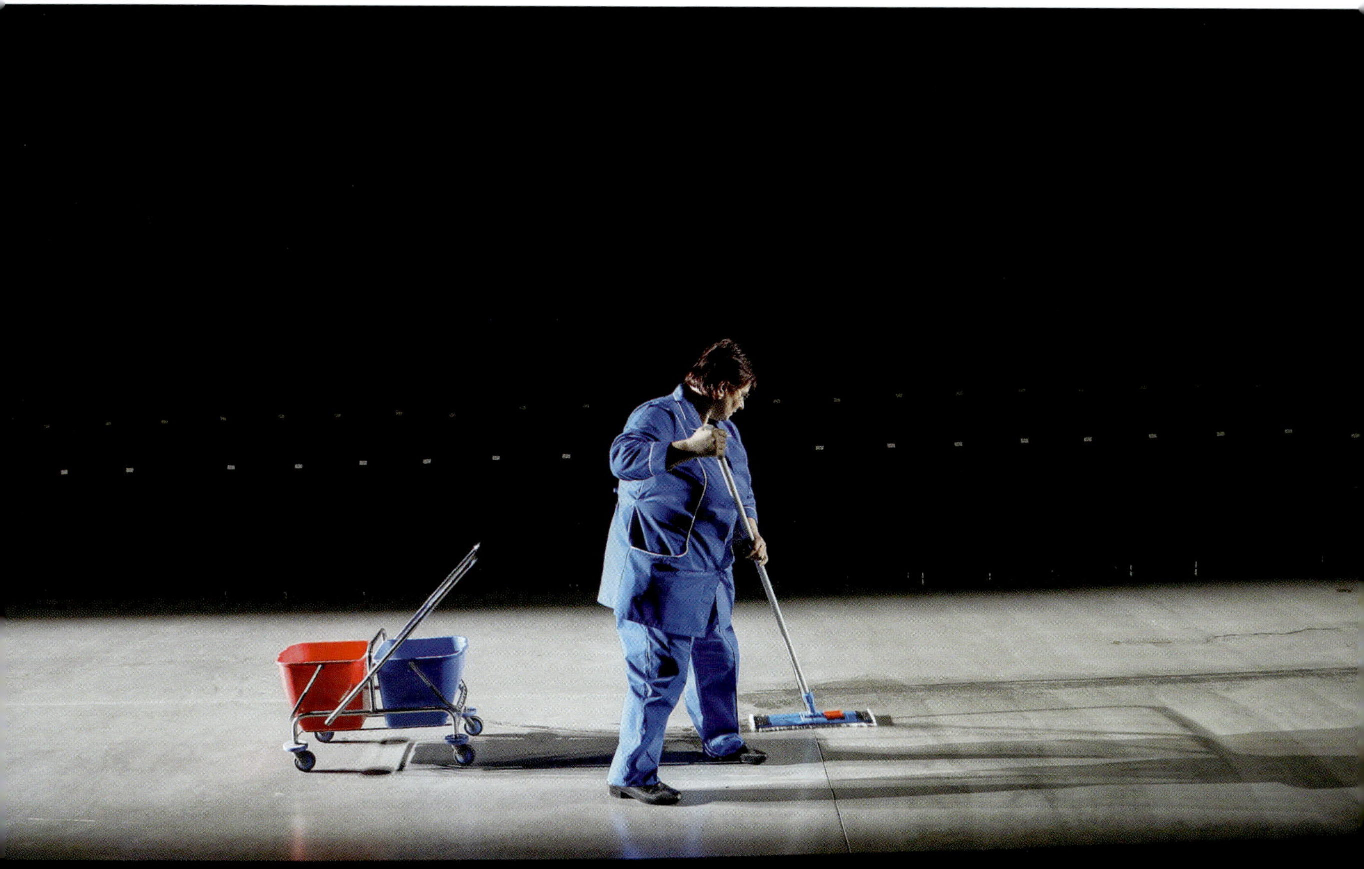

Priver les gens de leurs droits humains revient à contester leur humanité même.

NELSON MANDELA *(1918-2013, HOMME POLITIQUE)*

Mercredi 17 novembre

STE ELISABETH DE THURINGE

Sain et sauf. Pour ce migrant épuisé, l'arrivée sur les îles Canaries est une libération.
BORJA SUAREZ

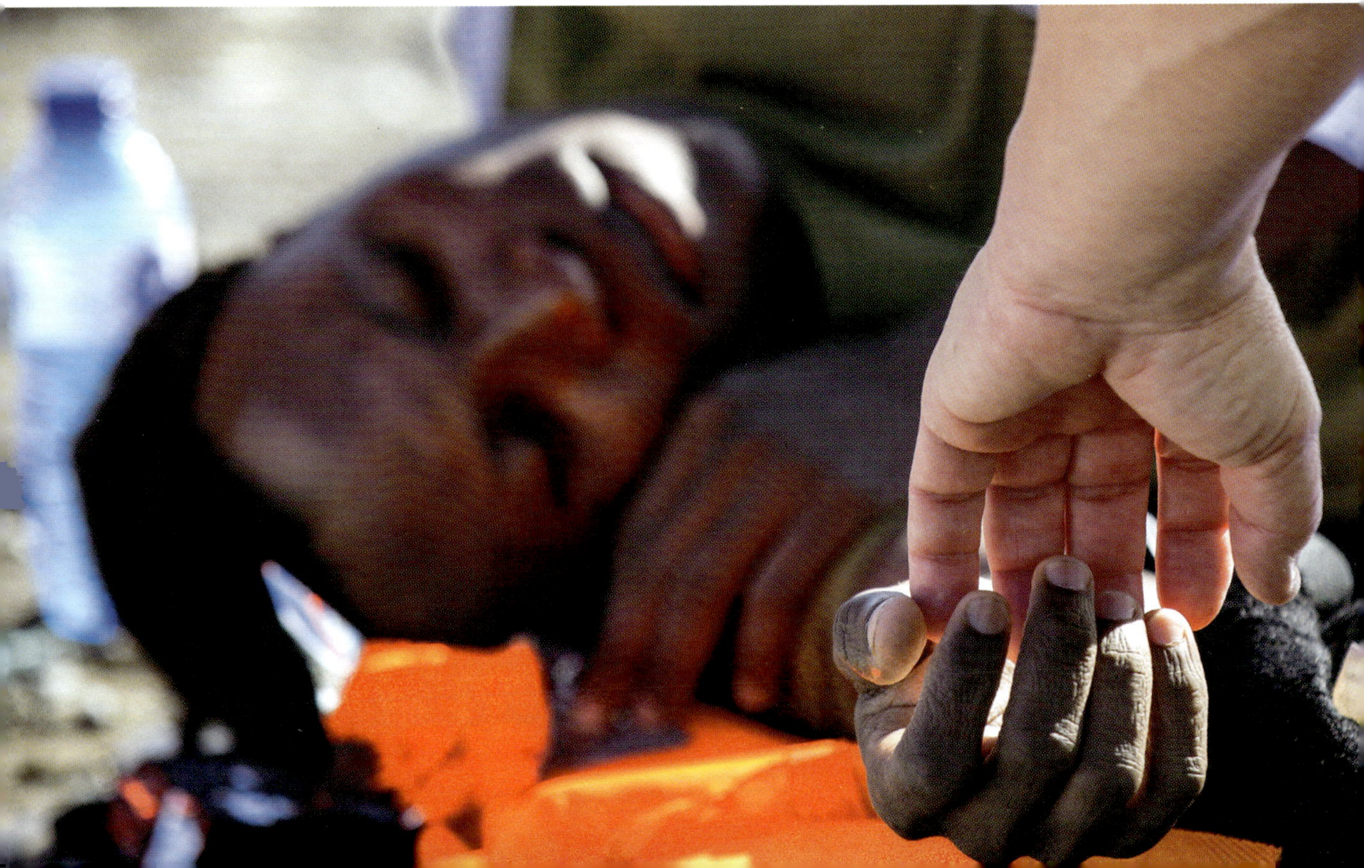

L'imagination sous sa forme la plus pure : l'art de donner vie à ce qui n'existe pas, de persuader les autres d'accepter un monde qui n'est pas vraiment là. PAUL AUSTER *(NÉ EN 1947, ÉCRIVAIN)*

Mardi 16 **février**

STE JULIENNE

Mardi gras oblige, les danses redoublent durant la parade des écoles de samba au cours du carnaval de Rio de Janeiro, au Brésil. PILAR OLIVARES

Bien sûr que je suis bricoleur.
Il m'arrive de joindre l'outil à l'agréable !

Jean Yanne *(1933-2003, humoriste et acteur)*

Mardi 16 novembre

Ste Marguerite d'Écosse

Pavel Chilin est fier de la locomotive qu'il a construite et qu'il exhibe sur sa voie ferrée dans la région russe de Saint-Pétersbourg. **Anton Vaganov**

Si haut qu'on monte, on finit toujours par des cendres.

HENRI ROCHEFORT *(1831-1913, JOURNALISTE)*

Mercredi **17** **février**

ST ALEXIS / MERCREDI DES CENDRES

Un peu de cendre est déposé sur le front des fidèles catholiques réunis pour l'occasion à la cathédrale du San Salvador. JOSE CABEZAS

Ma tâche est d'éveiller mon peuple
aux futurs flamboyants.
Ma joie, de créer des images pour le nourrir.

Léopold Sédar Senghor *(1906-2001, poète et homme d'État)*

Lundi 15 novembre

St Albert le Grand

En Nouvelle-Guinée, la communauté Kunua participe à la consultation pour envisager une future indépendance. Jeremy Miller

Les joies les plus recherchées finissent par dégénérer en habitude.

Maxime du Camp *(1822-1894, écrivain)*

Jeudi **18** **février**

Ste Bernadette Soubirous

Kylian Mbappe et Neymar sont tout à leur joie après ce quatrième but marqué par l'équipe parisienne contre celle de Montpellier. Gonzalo Fuentes

Venise est bien plus qu'une ville. Comment dire ? Une espèce de songe posé sur l'eau. Un songe fait de pieux, de pierres, de briques.

MICHÈLE TEYSSEYRE *(NÉE EN 1949, FEMME DE LETTRES ET CINÉASTE)*

Sam **13** / dim **14 novembre**

ST BRICE
ST LAURENT DE DUBLIN

Les Vénitiens peuvent-ils encore s'étonner de voir les rues de leur ville inondées ? MANUEL SILVESTRI

La vie sans musique est tout simplement une erreur, une fatigue, un exil.

FRIEDRICH NIETZSCHE *(1844-1900, PHILOSOPHE)*

Vendredi **19 février**

ST GABIN

Pour permettre aux chirurgiens de ne pas endommager son cerveau, la violoniste Dagmar Turner est opérée sous hypnose. KING'S COLLEGE HOSPITAL

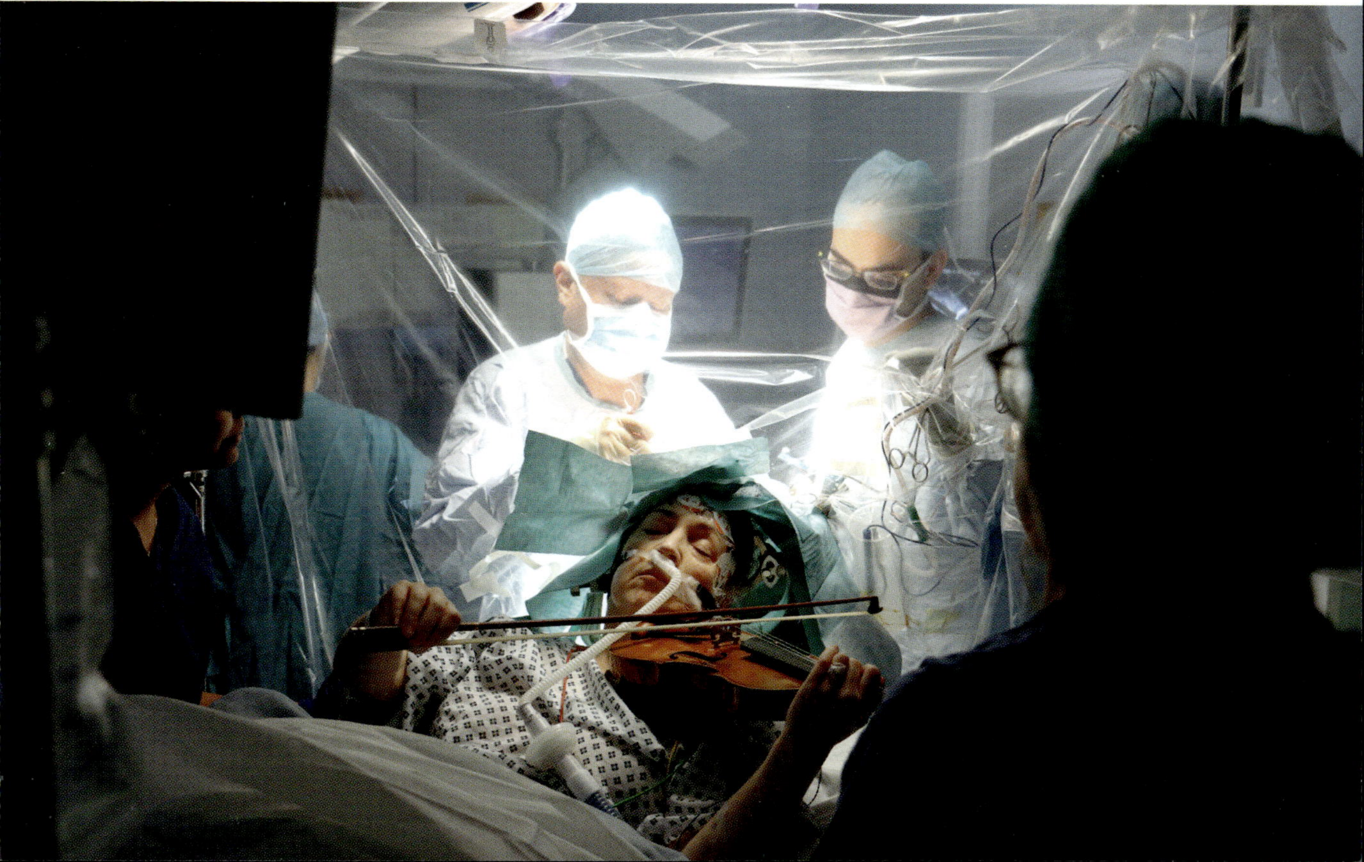

L'oiseau chante comme le lui permet son bec.

Proverbe allemand

Vendredi 12 novembre

St Josaphat Kuntsevych

Quartiers d'hiver pour ce pélican du zoo de Dvur Kralove en République tchèque.
David W Cerny

On voudrait avoir ce courage des oiseaux en hiver.

FRANÇOISE LEFÈVRE *(NÉE EN 1942, FEMME DE LETTRES)*

Sam 20 / dim 21 février

STE AIMÉE
ST PIERRE DAMIEN

Ce geai se régale dans ce parc de Minsk (Biélorussie) engourdi par l'hiver.
VASILY FEDOSENKO

Les braves militaires font la guerre et désirent la paix.

ADOLPHE THIERS *(1797-1877, POLITICIEN)*

Jeudi 11 novembre

ST MARTIN DE TOURS
ARMISTICE 1918

À Paris, les militaires saluent la mémoire des combattants tombés durant les conflits passés.
LUDOVIC MARIN /POOL

Au-delà de ce qui est ressenti au présent, la tendresse est un germe de vie destiné à prolonger l'infinitude de l'instant.

Jacques Salomé *(né en 1935, psycho-sociologue)*

Lundi 22 février

Bse Isabelle

À Managua, au Nicaragua, le marché aux fleurs offre un tourbillon de couleurs aux passants.
Oswaldo Rivas

Tout corps traîne son ombre et tout esprit son doute.

VICTOR HUGO *(1802-1885, ÉCRIVAIN ET POÈTE)*

Mercredi **10 novembre**

ST LÉON LE GRAND

Les patineurs canadiens Carolane Soucise et Shane Firus s'en donnent à cœur joie au cours de leur gala d'exhibition à Grenoble. EMMANUEL FOUDROT

Chaque fois que l'on pose un acte de tendresse, d'affection, d'amour, on modifie un tout petit peu l'avenir de l'humanité dans le bon sens.

CHRISTOPHE ANDRÉ *(NÉ 1956, PSYCHIATRE)*

Mardi **23** **février**

ST ALEXANDRE

Il faudra encore bien d'autres super-héros pour débarrasser cette plage indonésienne de ses déchets de plastique.
OSWALDO RIVAS

Là où il y a une volonté, il y a un chemin.

EDWARD WHYMPER *(1840-1911, ALPINISTE ET ILLUSTRATEUR)*

Mardi 9 novembre

DÉDICACE DE LA BASILIQUE DU LATRAN

À Baghdad (Irak), cette jeune femme participe à une manifestation contre des projets gouvernementaux. AHMED JADALLA

Le but de l’ambition est comme l’horizon. Il recule à mesure qu’on avance.

Chauvot de Beauchêne *(1749-1824, écrivain)*

Mercredi 24 février

St Modeste

Sur fond de pleine lune à Curitiba, au Brésil, un avion poursuit, indifférent, son vol dans le ciel.
Rodolfo Buhre

De la vallée, on voit de grandes choses. Du sommet du pic, on n'en voit que de petites.

GILBERT KEITH CHESTERTON *(1874-1936, ÉCRIVAIN)*

Lundi **8 novembre**

ST GEOFFROY D'AMIENS

Vue aérienne sur le mont Fuji, au Japon, avec sa couronne de nuages.
REMO CASILLI

Le destin donne d'étranges rendez-vous.

Alessandro Baricco *(né en 1958, écrivain)*

Jeudi 25 février

St Nestor

L'artiste Banksy est-il à l'origine de cette peinture murale découverte à Bristol, en Grande-Bretagne ?
Rebecca Nade

La fleur de l'illusion produit le fruit de la réalité.

Paul Claudel *(1868-1955, DRAMATURGE)*

Sam **6** / dim **7** **nov.**

ST LÉONARD DE NOBLAT
STS KARINE,
MÉLASSIPE ET ANTOINE

Ces passages cloutés thaïlandais font semblant d'être en relief.
Chalinee Thirasup

Il y a quelque chose de plus haut que l'orgueil, c'est la modestie. Et quelque chose de plus rare que la modestie, c'est la simplicité.

Antoine de Rivarol *(1753-1801, ÉCRIVAIN)*

Vendredi **26 février**

ST ALEXANDRE

Le salon annuel de l'agriculture à Paris est un événement pour beaucoup de visiteurs. Mais qu'en pense ce beau coq dans sa cage ? **Charles Platiau**

Pour être original, il suffit d'imiter les auteurs qui ne sont plus à la mode.

Jules Renard *(1864-1910, écrivain)*

Vendredi **5 novembre**

Ste Bertille

Quelle classe de faire du grand-bi en costume d'époque, au cours de cette course annuelle à Prague (République tchèque). **David W Cerny**

L'amitié fait le tour du monde et nous convie tous à nous réveiller pour la vie heureuse.

EPICURE *(IIIe S. AV. J.-C., PHILOSOPHE GREC)*

Sam 27 / dim 28 **février**

STE HONORINE
ST ROMAIN

C'est la joyeuse fête juive du Pourim pour ces fillettes qui passent sous les amandiers, à Tel Arad, en Israël. AMIR COHEN

La vie est une météo imprévisible.

Claude Lelouch *(né en 1937, réalisateur)*

Jeudi 4 novembre

St Charles Borromée

Spectacle saisissant des tempêtes d'hiver sur cette plage de l'Oceanside, en Californie.
Mike Blake

Regarde avec ton esprit, découvre ce dont tu as la conviction, et tu trouveras la voie de l'envol.

Richard Bach *(né en 1936, écrivain)*

Lundi 1er mars

St Aubin

Dans le parc d'attractions déserté mexicain de Chapultepec, cette aigrette a trouvé un site original pour pêcher.
Gustavo Graf

Parfois, au-delà des gratte-ciel, le cri d'un remorqueur vous surprend dans votre insomnie et vous vous souvenez que ce désert de fer et de ciment est une île. Albert Camus *(1913-1960, écrivain)*

Mercredi 3 novembre

St Hubert

Les concurrents du marathon n'ont pas la tête à contempler la superbe vue sur New-York (États-Unis). Caitlin Ochs

L'esprit raisonne, l'âme résonne.
L'esprit se meut, l'âme s'émeut.
L'esprit communique, l'âme communie.

François Cheng *(né en 1929, écrivain)*

Mardi 2 mars

Bx Charles Le Bon

Ce musicien péruvien a réalisé son rêve de venir jouer une de ses œuvres sous une aurore boréale à Rovaniemi, en Finlande. Samuli Rosenberg

La vie écrit au crayon.
La mort passe la gomme.

Christian Bobin *(né en 1951, écrivain et poète)*

Mardi 2 novembre

COMMÉMORATION DES DÉFUNTS

Pour la mémoire des défunts, les chrysanthèmes sont mis en valeur dans cette exposition à Londres (Grande-Bretagne). TOBY MELVILLE

Les enfant doivent être indulgents avec les grandes personnes.

ANTOINE DE SAINT-EXUPÉRY *(1900-1944, AVIATEUR ET POÈTE)*

Mercredi **3 mars**

ST GUÉNOLÉ

Dans le port espagnol d'Arguineguin, des migrants qui ont traversé l'océan Atlantique vers les Canaries sont accueillis. BORJA SUAREZ

Nous sommes tous appelés à être des saints en vivant avec amour.

FRANÇOIS *(NÉ EN 1936, PAPE ET EVÊQUE DE ROME)*

Lundi 1er novembre

FÊTE DE TOUS LES SAINTS

Dans ce cimetière de Zagreb (Croatie), les lumignons éclairent la nuit de la Toussaint.
ANTONIO BRONIC

Rien ne sert de courir. Il faut partir à point.

Jean de La Fontaine *(1621-1695, poète)*

Jeudi 4 **mars**

St Casimir

Sur cette plage thaïlandaise désertée, quelques tortues en ont profité pour retrouver leurs sites naturels de pontes.
Mongkhonsawat Leungvorapan

Qu'un cœur innocent sait mal se déguiser.

Philippe Néricault Destouches *(1680-1754, auteur et homme politique)*

Sam 30 / dim 31 octobre

Bse Bienvenue Bojani
St Quentin

On fête Halloween dans ce village près de Bangkok (Thaïlande).
Athit Perawongmetha

Académicien ? Non. Le costume coûte trop cher. J'attendrai qu'il en meure un de ma taille.

TRISTAN BERNARD *(1866-1947, ROMANCIER ET ACADÉMICIEN)*

Vendredi **5 mars**

STE OLIVE

Des ciseaux pour enseigne ? Bienvenue chez le coiffeur.

CHARLES PLATIAU

La façade d'une maison n'appartient pas à son propriétaire mais à celui qui la regarde.

PROVERBE CHINOIS

Vendredi 29 octobre

ST NARCISSE

Cette course cycliste passe à côté du grand musée national de l'Ermitage à Saint-Pétersbourg (Russie).
ANTON VAGANOV

Chacun de nous est une lune, avec une face cachée que personne ne voit.

MARK TWAIN *(1835-1910, ÉCRIVAIN)*

Sam 6 / dim 7 mars

STE COLETTE
STES PERPÉTUE ET FÉLICITÉ

Tous les feux sont au vert pour cette nuit où la lune illumine l'obscurité à Francfort-sur-le-Main, en Allemagne. KAI PFAFFENBAC

Le grand homme est comme l'aigle. Plus il s'élève, moins il est visible. Et il est puni de sa grandeur par la solitude de l'âme.

Henry Beyle dit Stendhal *(1783-1842, écrivain)*

Jeudi **28 octobre**

St Simon et st Judas Thaddée

Quoi de mieux qu'un aigle équipé d'une caméra pour filmer le glacier et les montagnes de Chamonix (France) ?
Eagle Wings Foundation/Chopard

On est toujours le folklore de quelqu'un d'autre.

Michel Tremblay *(né en 1942, dramaturge)*

Lundi 8 mars

St Jean de Dieu

En Biélorussie, la semaine traditionnelle de Maslenitsa est l'occasion de belles fêtes colorées.
Vasily Fedosenko

Nous ne devrions, toute notre vie, que prendre du champ pour bien sauter dans l'éternité.

François Hertel *(1905-1985, prêtre et poète)*

Mercredi 27 octobre

Bse Emeline

Étonnante installation artistique, intitulée « Run beyond », lors du festival des Lumières à Liverpool (Grande-Bretagne). Guy Reece

Ne baisse pas les bras, tu risquerais de le faire deux secondes avant le miracle.

PROVERBE ARABE

Mardi 9 mars

STE FRANÇOISE ROMAINE

Les célébrations du Holi, à Ahmedabad, en Inde, donnent lieu à ces aspersions de couleurs sur les fidèles hindous réunis. AMIT DAVE

La gourmandise commence quand on n'a plus faim.

Alphonse Daudet *(1840-1897, écrivain et auteur dramatique)*

Mardi 26 octobre

St Demetrius

Ces tranches d'oranges confites vont partir pour le Japon, après avoir été délicatement préparées dans cette usine à Clermont-Ferrand. **Phil Noble**

Il faut se relever vers le ciel quand on est frappé sur la terre.

Frédéric Ozanam *(1813-1853, fondateur de la Société de Saint-Vincent-de-Paul)*

Mercredi **10 mars**

St Vivien

Prenez des parapluies roses. Confiez-les à l'artiste portugaise Patricia Cunha et voilà un « ciel de parapluies ».
Benoit Tessier

Automne. Le post-scriptum du soleil.

Pierre Véron *(1831-1900, écrvain et journaliste)*

Lundi 25 octobre

St Chély

Un beau jour automnal pour un bon bain de soleil sur les bords du lac de Zürich (Suisse).
Regis Duvignau

Il y a des fleurs partout pour qui veut les voir.

Henri Matisse *(1869-1954, peintre)*

Jeudi **11 mars**

Ste Rosine

Dixième anniversaire, au Japon, de la catastrophe liée au tsunami dans la région de Fukushima. Les habitants de la région n'ont pas oublié. **Kyodo**

Le climat et la biosphère se fichent de nos politiques et de nos mots creux.

GRETA THUNBERG *(NÉE EN 2003, MILITANTE ÉCOLOGISTE)*

Sam 23 /dim 24 oct.

ST JEAN DE CAPISTRAN
ST FLORENTIN

Les militants du mouvement Extinction Rebellion ont le sens de la mise en scène pour mobiliser contre le changement climatique. ARND WIEGMANN

Tant que la terre subsistera, les semailles et la moisson, le froid et la chaleur, l'été et l'hiver, le jour et la nuit ne cesseront point.

AUTEUR BIBLIQUE *(LIVRE DE LA GENÈSE)*

Vendredi 12 mars

STE JUSTINE

Sur son tracteur, cet agriculteur travaille sa terre du côté d'Anneux (Nord), juste à côté d'un cimetière militaire. PASCAL ROSSIGNOL

Nous sommes ce que nous mangeons, mais ce que nous mangeons peut nous aider à être beaucoup plus que ce que nous sommes.

Alice May Brock *(née en 1941, artiste et cheffe cuisinier)*

Vendredi **22 octobre**

Stes Élodie et Nunilon

À Cagnes-sur-Mer (France), la récolte d'olives s'annonce décevante après la dernière vague de canicule. Eric Gaillard

Ils n'avaient rien de plus que les oiseaux de l'air, que les fleurs des champs, et pourtant ils étaient au comble de la joie.

HARRIET BEECHER STOWE *(1811-1896, FEMME DE LETTRES)*

Sam **13** / dim **14** **mars**

STS RODRIGUE ET SALOMON
STE MATHILDE

L'artiste Burgandy Viscosi réalise une fresque murale intitulée « Des poumons sains », à Seattle (États-Unis). JASON REDMOND

L’inspiration me vient souvent à l’aube. L’inconscient se met en mouvement, malgré moi. Il est bouillant. Il faut la grâce. L’instant magique. **Jacques Higelin** *(1940-2018, auteur-compositeur-interprète)*

Jeudi **21 octobre**

Ste Céline

Quelle affaire pour ramener ce cerf-volant durant le festival qui se déroule à Ghard, sur l’île maltaise de Gozo. **Darrin Zammit Lupi**

C'est un pesant fardeau d'avoir un gros mérite.

Jean-François Regnard *(1655-1709, poète)*

Lundi **15** **mars**

Ste Louise de Marillac

Ce grand éléphant mâle est emmené par camion pour participer à un festival spirituel annuel à Kochi, en Inde.
Sivaram

Peur : n'évite pas le danger mais fait prendre un peu d'exercice aux poils.

PHILIPPE BOUVARD *(NÉ EN 1929, JOURNALISTE ET ÉCRIVAIN)*

Mercredi 20 octobre

STE ADELINE

Leila est un petit lionceau femelle née dans le zoo ukrainien de Prydorozhne. En pleine région du Donbass.
ALEXANDER ERMOCHENKO

Que je voudrais comme mon frère, / Dans ce grand Paris transporté, / Auprès de lui, pour me distraire, / Sur une place être planté !

THÉOPHILE GAUTIER *(1811-1872, ROMANCIER)*

Mardi **16 mars**

BSE BÉNÉDICTE

La place de la Concorde et l'avenue des Champs-Elysées sont désertes ce matin-là dans la capitale parisienne.
PASCAL ROSSIGNOL

On a beaucoup moins de voisins dans une ville que dans un village.

Jean-Marie Gourio *(né en 1956, auteur et scénariste)*

Mardi **19 octobre**

St Isaac Jogues

Habiter dans d'immenses immeubles est le lot de beaucoup de personnes dans la ville surpeuplée de Hong-Kong. Umit Bektas

Une personne qui ne sait pas aimer de chaque folklore un chant et de chaque croyance un saint, n'aura vécu sa vie qu'à moitié.

YASMINA KHADRA *(NÉ EN 1955, ÉCRIVAIN)*

Mercredi 17 mars

ST PATRICK

Les pubs irlandais de Dublin savent rendre hommage à leur manière à saint Patrick, le saint patron du pays.
LORRAINE O'SULLIVAN

Personne ne prêche mieux que la fourmi. Et elle ne parle pas.

BENJAMIN FRANKLIN *(1706-1790, IMPRIMEUR ET ÉCRIVAIN)*

Lundi **18 octobre**

ST LUC

Des fourmis au travail dans la ferme d'élevage d'insectes du biologiste Federico Paniagua, au Costa Rica. JUAN CARLOS ULAT

Un seul être vous manque et tout est dépeuplé.

Alphonse de Lamartine *(1790-1869, poète)*

Jeudi **18 mars**

St Cyrille de Jérusalem

Concert de solidarité donné par des artistes de l'orchestre philharmonique tchèque devant une salle vide.
Petr Kadlec

Tour à tour inquiètes et sereines, les années s'écoulent sans bruit, laissant comme un manteau de laine sur tous les hivers de nos vies.

YVES DUTEIL *(NÉ EN 1949, AUTEUR-COMPOSITEUR-INTERPRÈTE)*

Sam **16** / dim **17 octobre**

STE HEDWIGE
ST IGNACE D'ANTIOCHE

On fait de belles rencontres quand on se lève tôt pour faire du vélo dans le parc londonien de Richmond. MATTHEW CHILDS

Le temps de lire, comme le temps d'aimer, dilate le temps de vivre.

DANIEL PENNAC *(NÉ EN 1944, ÉCRIVAIN)*

Vendredi 19 mars

ST JOSEPH

Ce livre miniature ancien, présenté dans une librairie de Rome (Italie), est un bijou de précision et de savoir-faire. ALESSANDRO BIANCHI

Lumière, éclairage, ombres, reflets, couleurs. Tous ces objets de la recherche ne sont pas tout à fait des êtres réels. Ils n'ont, comme les fantômes, d'existence que visuelle. MAURICE MERLEAU-PONTY *(1908-1961, PHILOSOPHE)*

Vendredi **15 octobre**

STE THÉRÈSE D'AVILA

Le musée d'art digital Mori, à Tokyo (Japon) présente cette étonnante « forêt de lampes ». YANN TESSIER

La vraie générosité envers l'avenir consiste à tout donner au présent.

ALBERT CAMUS *(1913-1960, ÉCRIVAIN)*

Sam 20 / dim 21 mars

ST HERBERT
BSE CLÉMENCE

Rien de tel qu'une marche dans la nature, ici en Italie, pour retrouver l'émerveillement de l'enfance.
MARZIO TONIOLO

Ce n'est pas le paysage qui est petit. C'est la fenêtre par laquelle on le regarde.

Proverbe tibétain

Jeudi 14 octobre

St Calixte

La ligne de chemin de fer entre Nairobi et Naivasha, au Kenya, a été surélevée pour permettre le passage de la faune sauvage. Njeri Mwangi

Notre vie est comme une balance et le moindre choc la fait pencher.

Ménandre *(IVe av. J.-C, dramaturge grec)*

Lundi 22 **mars**

Ste Léa

La danseuse Ashlee Montague, masquée, exécute une danse dans les rues de Times Square, à New-York (États-Unis).
Andrew Kelly

Si vous voulez aller sur la mer sans aucun risque de chavirer, alors, n'achetez pas un bateau. Achetez une île !

Marcel Pagnol *(1895 - 1974, écrivain et cinéaste)*

Mercredi 13 octobre

St Edouard le Confesseur

Les grands voiliers se sont donné rendez-vous pour cette régate dans le port italien de Trieste.
Alessandro Garofalo

Chaque enfant qu'on enseigne est un homme qu'on gagne.

Victor Hugo *(1802-1885, écrivain et poète)*

Mardi 23 mars

St Alphone Turibe

Un bel espace de jeu pour ces enfants que cette place devant l'imposant édifice de la cour suprême aux États-Unis. **Tom Brenner**

Le temps nous égare. Le temps nous étreint.
Le temps est gare. Le temps nous est train.

Jacques Prévert *(1900-1977, poète)*

Mardi 12 octobre

Ste Spérie

Vue générale de la gare du Nord après 42 jours de grève syndicale pour manifester contre le projet de réforme des retraites. Gonzalo Fuentes

C'est quoi l'indifférence ?
C'est la vie sans les couleurs.

ALDEBERT *(NÉ EN 1973, CHANTEUR)*

Mercredi 24 mars

STE CATHERINE DE SUÈDE

Dans ce temple bouddhiste de Séoul, chacun est invité à venir prier pour les victimes du coronavirus. KIM HONG-JI

Plus d'infos après
la page du 2 juillet.

La vérité n'a qu'une couleur.
Le mensonge en a plusieurs.

Proverbe sanskrit

Lundi 11 octobre

St Théophane

Moment de repos pour ces danseuses qui participent à la réalisation d'une vidéo musicale dans le village colombien de Lipari. Manuel Seoane

Et tous tes fils seront enseignés par le Seigneur et la paix de tes fils sera grande.

Prophète Isaïe *(littérature biblique - Is 54, 13)*

Jeudi **25 mars**

Annonciation de la Vierge

Mystère de la vie si proche : le pape François bénit cette femme enceinte au cours d'une audience générale.
Remo Casilli

La mélancolie est la grande reine des âmes qui sentent vivement. Elle les touche sans qu'elles sachent comment ni pourquoi, à une heure secrète, inattendue. **Henri Larcordaire** *(1802-1861, PRÉDICATEUR ET ACADÉMICIEN)*

Sam 9 / dim 10 octobre

ST DENIS ET SES COMPAGNONS MARTYRS
ST DANIEL

C'est jour de pluie sur la promenade des Anglais à Nice (France). **Eric Gaillard**

Seuls, nous ne pourrions que nous isoler du monde. Réunis, nous allons pouvoir le transformer.

Eric-Emmanuel Schmitt *(né en 1960, écrivain)*

Vendredi 26 mars

Ste Larissa

Le couple de musiciens brésiliens Sofia Ceccato et Simon Bechemin offrent leur musique à leurs voisins.
Sergio Moraes

La beauté fait jaillir l'esprit de la matière.

PROVERBE LATIN

Vendredi **8 octobre**

STE PÉLAGIE
LA PÉNITENTE

L'art du bambou est la grande affaire de ces villageois de la région de Jiangxi, en Chine. STRINGER

Toute grande passion débouche sur l'infini.

MICHEL HOUELLEBECQ *(NÉ EN 1956, ÉCRIVAIN)*

Sam 27 / dim 28 mars

ST RUPERT
DIMANCHE DES RAMEAUX

Les portes du Saint-Sépulcre, à Jérusalem sont fermées. Mais les préparatifs pour le dimanche des Rameaux vont bon train. AMMAR AWAD

Chaque fois que vous faites un pas en avant, vous dérangez quelque chose ou quelqu'un.

Indira Gandhi *(1917-1984, MINISTRE INDIENNE)*

Jeudi 7 octobre

ST AUGUSTE

Le Kenyan Eliud Kipchoge ne relâche pas son effort au cours de sa tentative de courir un marathon sous la barre des deux heures. **Lisi Niesner**

On croit que tout est fini, mais alors il y a toujours un rouge-gorge qui se met à chanter.

Paul Claudel *(1868-1955, dramaturge et diplomate)*

Lundi **29 mars**

Ste Gladys

Devant la résidence du premier ministre anglais, ce rouge-gorge se prépare-t-il à chanter pour réveiller les consciences ? Toby Melville

Lorsque la fleur s'apprête à s'ouvrir, c'est avec une telle volonté que, malgré son apparente fragilité, aucune force extérieure ne pourra l'en détourner.

Rainer Maria Rilke *(1875-1926, écrivain)*

Mercredi 6 octobre

St Bruno

La rencontre de rugby entre le Pays de Galles et l'Uruguay inspire les artistes et les jardiniers.
Peter Cziborra

Il n'est pas de condition humaine, pour humble ou misérable qu'elle soit, qui n'ait la proposition du bonheur : pour l'atteindre, rien n'est nécessaire que soi-même.

Jean Giono *(1895-1970, écrivain)*

Mardi 30 mars

Bx Amédée IX

Dans ce township sud-africain près de Durban, tant de familles luttent aussi pour leur dignité.
Rogan Ward

La présence des migrants, parfois dérangeante, contribue à dissiper les mythes d'un progrès réservé à quelques-uns mais bâti sur l'exploitation de la multitude. François (né en 1936, pape et évêque de Rome)

Mardi 5 octobre

Ste Faustine

Drôle de destin pour ce petit Mexicain en attente d'asile à la frontière des États-Unis, à Matamoros (Mexique).
Veronica G. Cardenas

Si vous ne pouvez pas courir, alors marchez. Si vous ne pouvez pas marcher, alors rampez. Mais quoi que vous fassiez, continuez d'avancer.

Martin Luther King *(1929-1968, pasteur)*

Mercredi **31 mars**

St Benjamin

Il faut espérer que les coureurs dans ce parc de Lille profitent aussi de la beauté de ces tulipes et narcisses en fleur. Pascal Rossignol

C'est une triste chose de penser
que la nature parle
et que le genre humain n'écoute pas.

VICTOR HUGO *(1802-1885, ÉCRIVAIN ET POÈTE)*

Lundi **4 octobre**

ST FRANÇOIS D'ASSISE

Ramasser des noix ne doit pas se faire aux dépens de votre attention. Leçon d'écureuil roux à Pitlochry, en Écosse. RUSSELL CHEYNE

Il faut prendre soin de se conduire en toute chose comme si ce qu'on fait devait être éternel.

Charles-Ferdinand Ramuz *(1878-1947, ÉCRIVAIN ET POÈTE)*

Jeudi 1er avril

ST HUGUES DE GRENOBLE,
JEUDI SAINT

Le lavement des pieds, ici dans l'église du Saint-Sépulcre à Jérusalem, est le moment fort de la fête du Jeudi saint.
Ammar Awad

L'œil, en lui, il y a l'âme, il y a l'homme qui pense, l'homme qui aime, l'homme qui rit, l'homme qui souffre !

Guy de Maupassant *(1850-1893, ÉCRIVAIN)*

Sam **2** / dim **3** **oct.**

STS ANGES GARDIENS
ST GÉRARD DE BROGNE

La pandémie de COVID-19 a aussi menacé les personnes précaires, comme ici à New Delhi (Inde).
Adnan Abidi

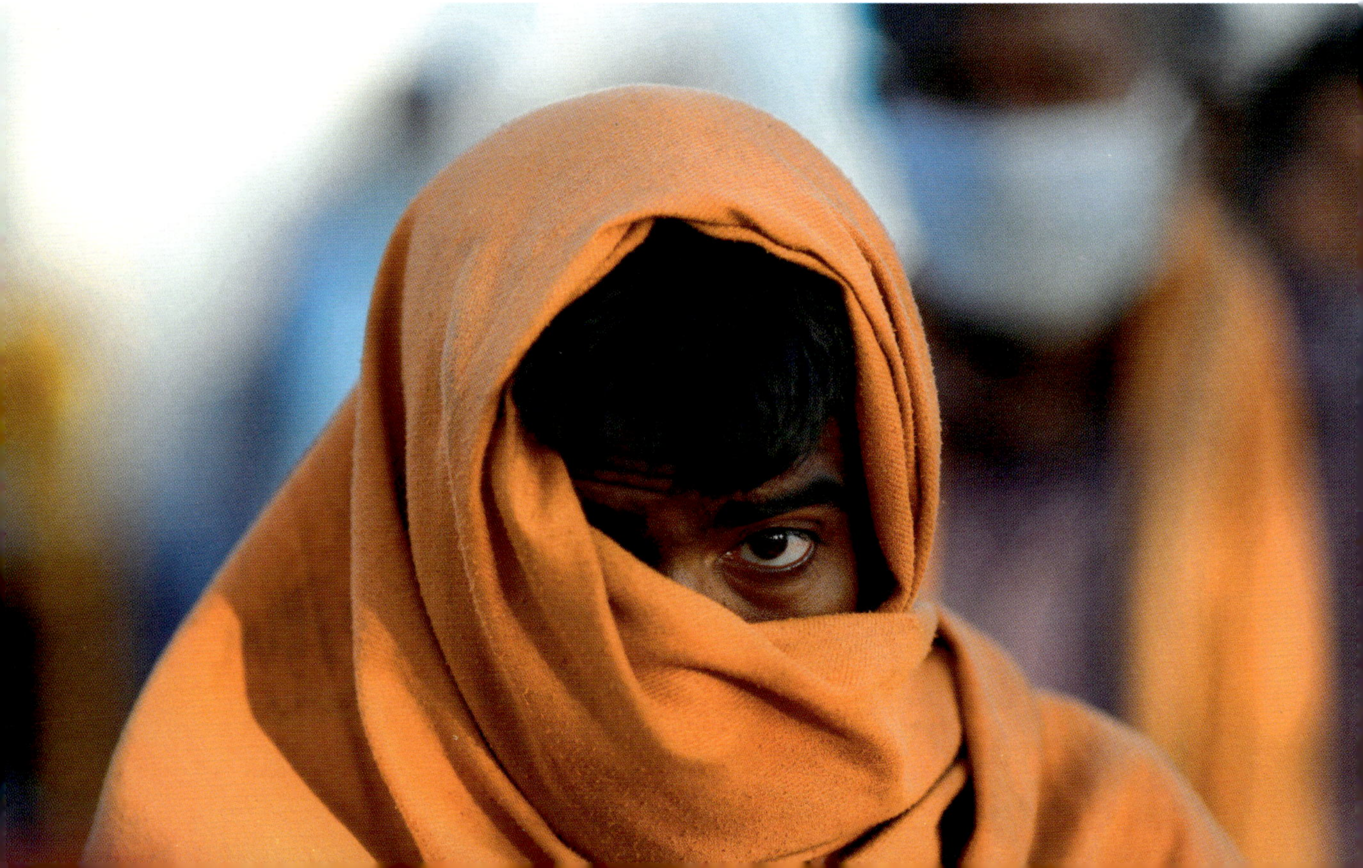

Le courage, c'est savoir que tu pars battu mais d'agir quand même, sans s'arrêter.

Harper Lee *(1926-2016, romancière)*

Vendredi **2 avril**

St François de Paule,
Vendredi Saint

Le pape François participe, en ce Vendredi saint, au chemin de croix sur une place Saint-Pierre déserte.
Andrew Medichini

La popularité, c'est d'éternuer à l'écran et de recevoir le lendemain des centaines de cartes postales avec écrit : « À vos souhaits ! »

Léon Zitrone *(1914-1995, journaliste et présentateur télé)*

Vendredi 1er octobre

Ste Thérèse de l'Enfant-Jésus

Pour le 70e anniversaire de la fondation de la République populaire de Chine, les feux d'artifice et les téléphones portables sont de sortie. Aly Song

L'humilité : elle est l'eau de l'âme et l'épanouissement de la belle fleur du cœur.

Paule Salomon *(née en 1940, philosophe)*

Sam **3** /dim **4** **avril**

St Richard
Dimanche de Pâques

La fête japonaise de Sakura célèbre les cerisiers en fleurs dans le monde entier, comme ici, à Singapour. Loriene Perera

Les hommes sont comme les animaux : les gros mangent les petits et les petits les piquent.

Voltaire *(1694-1778, écrivain et philosophe)*

Jeudi 30 septembre

St Jérôme

Les militants du bateau Sea Sheperd viennent au secours de cette baleine empêtrée dans un filet à San Felipe (Mexique). Sea Sheperd

La beauté a puissance de résurrection. Il suffit de voir et d'entendre.

Christian Bobin *(né en 1951, écrivain et poète)*

Lundi 5 avril

Ste Irène

Les œufs de Pâques en chocolat sont richement ornés dans cette usine de Minsk, en Biélorussie.
Vasily Fedosenko

Notre vie est une seule route derrière nous mais une multitude devant nous.

PAUL CARVEL *(NÉ EN 1964, ÉCRIVAIN)*

Mercredi 29 septembre

STS GABRIEL, RAPHAËL ET MICHEL

Pendant la fête juive du Yom Kippour à Jérusalem, les voitures s'arrêtent. Mais pas les tricycles. AMMAR AWAD

Ce ne sont pas les mauvaises herbes qui étouffent le bon grain. C'est la négligence du cultivateur.

PROVERBE CHINOIS

Mardi **6 avril**

ST CÉLESTIN

La récolte sera-t-elle bonne ? Cet agriculteur de Tilloy-lez-Cambrai (Nord) vient inspecter sa culture de betteraves sucrières. PASCAL ROSSIGNOL

Même si on ne nous laisse qu'une ruelle exiguë à arpenter, au-dessus d'elle il y a aura toujours le ciel tout entier.

Etty Hillesum *(1914-1943, femme de lettres)*

Mardi 28 septembre

Sts Laurent Ruys et ses compagnons

Tout semble figé à Oia, sur l'île de Santorin (Grèce).
Alkis Konstantinidis

La naissance est le lieu de l'inégalité. L'égalité prend sa revanche avec l'approche de la mort.

JEAN D'ORMESSON *(1925-2017, ÉCRIVAIN ET JOURNALISTE)*

Mercredi 7 avril

ST JEAN BAPTISTE DE LA SALLE

Drôle de commencement pour ces enfants nés en pleine pandémie à Bangkok, en Thaïlande.
ATHIT PERAWONGMETHA

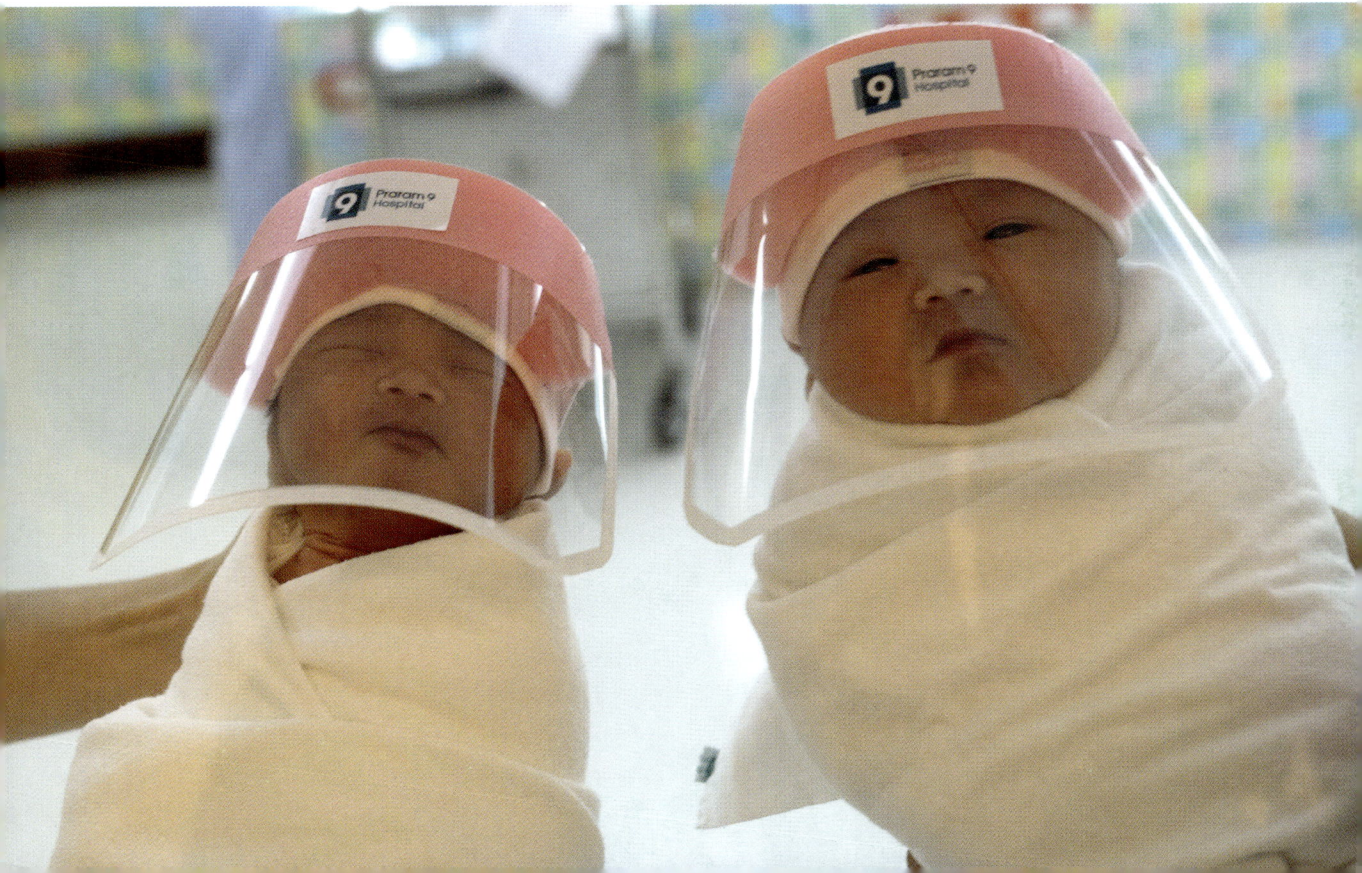

La jeunesse rêve
pendant que la vieillesse se souvient.

NICOLAS CARTERON *(NÉ EN 1989, ÉCRIVAIN)*

Lundi **27** **septembre**

ST VINCENT DE PAUL

La jeune fille marche près de sa maison dans le quartier de Médina, à Dakar (Sénégal).
ZOHRA BENSEMRA

Un mouton bêle, toute la bergerie a soif.

PROVERBE ISLANDAIS

Jeudi **8 avril**

ST GAUTIER

Même si le ciel s'obscurcit, ce troupeau de moutons poursuit sa route dans la région de Bercial, en Espagne.
JUAN MEDINA

Au milieu des ténèbres, la plus humble veilleuse brille comme un phare.

Emile Gaboriau *(1832-1873, écrivain)*

Sam **25** / dim **26** sept.

St Firmin
Sts Côme et Damien

Le jour se lève à Loctudy (Grande-Bretagne). Le bon moment pour retourner à la pêche.
Pascal Rossignol

Oh ! Qui pourrait peindre nos émotions... excepté celui dont le cœur les a éprouvées ?

George Gordon Byron *(1788-1824, poète et homme politique)*

Vendredi **9 avril**

St Demetrius

Le retour en classe fait la joie de cette petite fille qui peint pour l'occasion les vitres de son école.
Amir Cohen

Aimer, ce n'est pas se regarder l'un l'autre, c'est regarder ensemble dans la même direction.

Antoine de Saint-Exupéry *(1900-1944, aviateur et poète)*

Vendredi **24 septembre**

St Silouane

Quelques canards font du tourisme près de la Comédie française, à Paris.
Gonzalo Fuentes

La vérité, c'est qu'il y a une quantité impressionnante de gouttes qui ne font pas déborder le vase.

Romain Gary *(1914-1980, romancier et réalisateur)*

Sam **10** / dim **11** **avril**

St Fulbert
St Stanislas

Drôle d'abri pour cette grenouille, réfugiée sur une feuille de lotus, au Népal.
Navesh Chitrakar

On regrette toujours l'enfance pour l'indépendance d'esprit que l'on a étant enfant !

ALEXANDRE DUMAS *(1824-1895, ROMANCIER)*

Jeudi **23** **septembre**

ST CONSTANT

Séance photographique fictive pour ces enfants à Dhaka, au Bangladesh.
MOHAMMAD PONIR HOSSAIN

La nature fait les choses sans se presser et pourtant tout est accompli.

LAO-TSEU *(VIe S. AV. J.-C., PHILOSOPHE CHINOIS)*

Lundi 12 avril

ST JULES Ier

Quand les campanules des bois fleurissent, les sous-bois deviennent un ravissement pour le regard des promeneurs. TOBY MELVILLE

S'il fallait un jour que les forêts disparaissent, l'homme n'aurait plus que son arbre généalogique pour pleurer.

Albert Einstein *(1879-1955, PHYSICIEN)*

Mercredi **22 septembre**

ST MAURICE

Le rare panda rouge est sous haute surveillance dans ce parc de Saint-Florence, au Pays de Galles. **Rebecca Naden**

L'enfant lit beaucoup mieux
dans l'esprit du maître
que le maître dans le cœur de l'enfant.

JEAN-JACQUES ROUSSEAU *(1712-1778, ÉCRIVAIN ET PHILOSOPHE)*

Mardi **13 avril**

STE IDA DE LOUVAIN

Au Sri Lanka, ce jeune musulman attend la fin de la journée pour rompre le jeûne du Ramadan.
DINUKA LIYANAWATTE

Le sang de la terre, poignardée par la folie des hommes, coule sur la nature dévastée.

SERGE LAPISSE *(NÉ EN 1943, PHILOSOPHE)*

Mardi **21 septembre**

ST MATTHIEU

Les paysans du Rio Pardo brûlent encore un bout de forêt amazonienne au Brésil.
RICARDO MORAES

Le monde est un grand bal où chacun est masqué.

Luc de Clapiers de Vauvenargues *(1715-1747, écrivain et moraliste)*

Mercredi **14 avril**

St Maxime

Pour Panji, petit garçon indonésien, porter un masque de protection est aussi l'occasion rêvée de se déguiser.
Ajeng Dinar Ulfiana

J'évite de regarder en avant ou en arrière, mais m'efforce à regarder vers le haut.

CHARLOTTE BRONTË *(1816-1855, ROMANCIÈRE)*

Lundi **20** **septembre**

ST ANDRÉ KIM TAEGON

Moment de pause avant la reprise d'une session du parlement ukrainien à Kiev. GLEB GARANICH

La lune approfondit le chagrin de nos secrets intimes.

Fabienne Verdier, *(née en 1962, peintre)*

Jeudi **15 avril**

St Patern

Si la cathédrale Notre-Dame de Paris n'est pas encore remise de ses blessures, on dirait que la lune vient, ce soir-là, lui prêter main forte. Charles Platiau

Le plus petit des félins est un chef-d'œuvre.

Léonard de Vinci *(1452-1519, artiste)*

Sam **18** / dim **19** **sept.**

St Joseph de Cupertino
St Janvier de Naples

Le pêcheur palestinien de la bande de Gaza, qui remonte ses filets, sait-il qu'il est observé par ce chat attentif ? Mohammed Sale

Pourquoi sommes-nous au monde sinon pour amuser nos voisins et rire d'eux à notre tour ?

Jane Austen *(1775-1817, romancière)*

Vendredi **16 avril**

St Benoît-Joseph Labre

Jason Baird amuse son quartier avec son déguisement d'homme-araignée, à Stockporte, en Grande-Bretagne. Phil Noble

C'est un paysage désolé. Une désolation. Évidemment, ça ne veut rien dire. Un paysage ne pense pas, il ne peut pas être désolé.

THOMAS B. REVERDY *(NÉ EN 1974, ROMANCIER)*

Vendredi 17 septembre

STE HILDEGARDE DE BINGEN

Aucune maison n'a résisté au passage du typhon Dorian qui s'est abattu sur les Îles Abaco, dans les Bahamas. MARCO BELL

Pour un artiste, la liberté est aussi indispensable que le talent et l'intelligence.

MAXIME GORKI *(1868-1936, ÉCRIVAIN)*

Sam 17 / dim 18 avril

STE KATERI TEKAKWHITA
ST PARFAIT

« Au-delà de la crise », l'immense fresque en trompe-l'œil de l'artiste français Guillaume Legros, semble contempler la vallée de Leysin, en Suisse. VALENTIN FLAURAUD

Rien de pire qu'un mur pour bloquer les idées.

Annie Lemoine *(né en 1957, journaliste)*

Jeudi 16 septembre

Sts Corneille et Cyprien

Ce jour-là, les meilleurs volleyeurs américains et brésiliens s'affrontent lors des XVIIIe jeux panaméricains, au Pérou. Pilar Olivares

Pour avoir beaucoup d'or, il faut posséder pas mal d'argent. Et réciproquement.

PIERRE DAC *(1893-1975, HUMORISTE)*

Lundi 19 avril

ST MAPPALIQUE

Dans la banque nationale d'Almaty, au Kazakhstan. les lingots d'or sont très bien gardés.
MARIYA GORDEYEVA

Le sommeil de l'enfance s'achève en oubli.

Victor Hugo *(1802-1885, écrivain et poète)*

Mercredi 15 septembre

N.-D. DES SEPT DOULEURS

Après la fusillade d'Odessa au Texas, la tristesse est palpable parmi les participants à la veillée de prière.
Callaghan O'Hare

La ville la plus grouillante se vide
si les pôles essentiels de la vie sont désaimantés.

ANTOINE DE SAINT-EXUPÉRY *(1900-1944, AVIATEUR ET POÈTE)*

Mardi 20 avril

BSE ODETTE

Vue nocturne sur l'immense mégapole de Bangkok (Thaïlande).
ATHIT PERAWONGMETHA

La tour Eiffel, cèdre en acier,
s'élance soudain et fuit la suie,
le trépignement, l'asphalte roussi.

Abraham Chlonsky *(1900-1973, poète)*

Mardi **14 septembre**

Croix Glorieuse

Magie du métro aérien parisien qui passe comme un trait d'union entre ciel et terre.
Christian Hartmann

La patience coûte peu à qui travaille beaucoup.

EMILE DE GIRARDIN *(1802-1881, JOURNALISTE ET POLITICIEN)*

Mercredi **21 avril**

ST ANSELME DE CANTORBÉRY

Qui viendra récolter ces jeunes asperges qui pointent leur nez dans les champs de Mannsdorf-sur-Donau, en Autriche ? LISI NIESNER

Un regard est dans tout pays un langage.

Georges Herbert *(1593-1633, pasteur et poète)*

Lundi **13** **septembre**

St Jean Chrysostome

Ces enfants de la tribu amazonienne Shanenawa sont encore dans le temps de l'insouciance. Ueslei Marcelino

Le bonheur, c'est tellement plus léger à porter qu'une existence raisonnable et convenable.

ALICE PARIZEAU *(1930-1990, écrivaine et journaliste)*

Jeudi **22** **avril**

ST EPIPODE

Qui célèbrera le courage quotidien de ces femmes, portant l'herbe fraîche pour leurs troupeaux ?
DANISH ISMAIL

Les souvenirs sont nos forces. Quand la nuit essaie de revenir, il faut allumer les grandes dates, comme on allume des flambeaux.

VICTOR HUGO *(1802-1885, ÉCRIVAIN ET POÈTE)*

Sam **11** / dim **12** **sept.**

STE THÉODORA
LE SAINT NOM DE MARIE

Vingt ans après les évènements du 11 septembre, à New-York, il faut continuer de se souvenir. ANDREW KELLY

Celui qui dort
ne connaît pas celui qui veille.

PROVERBE ARABE

Vendredi 23 avril

ST GEORGES

Ces deux pieds à la fenêtre d'une demeure vénitienne, en Italie, témoignent que l'heure de la sieste est arrivée.
MANUEL SILVESTRI

L'homme est si peu le roi de la nature qu'il est le seul de tous les animaux qui ne puisse rien faire sans payer.

ALPHONSE ALLAIS *(1854-1905, ÉCRIVAIN ET HUMORISTE)*

Vendredi 10 septembre

BSE INÈS

Le festival annuel de combats de buffles à Hai Phong (Vietnam) fait le bonheur de cet homme dont l'animal vient de remporter la victoire. KHAM

Le cœur d'un enfant, c'est grand. L'amour s'y déverse en cascade.

MICHEL JONASZ *(NÉ EN 1947, AUTEUR-COMPOSITEUR-INTERPRÈTE)*

Sam 24 / dim 25 avril

ST FIDÈLE
ST MARC

Ce petit garçon de la tribu Munduruku est-il conscient des dangers qui menacent son peuple en Amazonie ?
UESLEI MARCELIN

Je suis en proie à une étrange sensation. Si ce n'est pas une indigestion, ça doit être de la gratitude.

BENJAMIN DISRAELI *(1804-1881, HOMME POLITIQUE ET ROMANCIER)*

Jeudi 9 septembre

BX ALAIN DE LA ROCHE

Il y a toute sorte de fêtards qui participent à la fête annuelle de Cascamorras à Baza, au sud de l'Espagne.
JON NAZCA

Sans l'ironie, le monde serait comme une forêt sans oiseaux.

ANATOLE FRANCE *(1844-1924, ÉCRIVAIN)*

Lundi 26 avril

BSE ALDE

Ce pic épeiche trouvera-t-il un moyen de faire rentrer ce cône de pin dans son abri ?
VASILY FEDOSENKO

C'est dans ma raison, non dans mon cœur, que se trouve le principe de mon invincible espérance.

GEORGES BERNANOS *(1888-1948, ÉCRIVAIN)*

Mercredi 8 sept.

NATIVITÉ DE LA VIERGE MARIE

Venu de Tunisie, ce migrant est recueilli par l'équipage du bateau Alan Kurdi et les membres de l'ONG Sea-Eye migrant rescue. DARRIN ZAMMIT LUP

La mer modèle les mœurs comme elle fait les rivages.

André Suarès *(1868-1948, écrivain poète)*

Mardi **27 avril**

Bx Amédée

La lune se lève sur les falaises des Sept sœurs, au cap Birling, à l'est du Sussex, en Grande-Bretagne.
Toby Melville

Danser, est-ce remplir un vide ? Est-ce taire un cri ? C'est la vie de nos astres rapides prise au ralenti.

RAINER MARIA RILKE *(1875-1926, ÉCRIVAINE)*

Mardi **7 septembre**

STE REINE

Le concours annuel de danse traditionnelle dans les Highland écossais attire de nombreux participants.
RUSSELL CHEYNE

On ne devrait pas s'habituer à vivre. On devrait être étonné tous les jours.

MICHEL PICCOLI *(1925-2020, ACTEUR)*

Mercredi 28 avril

ST PIERRE MARIE CHANEL

C'est jour de la fête royale en Hollande. Occasion, pour cette famille, d'interpréter ensemble l'hymne national. PIROSCHKA VAN DE WOUW

Tous ceux qui ont un souvenir sans mélange ont du pain pour les jours malheureux.

ANNE BARRATIN *(1832-1915, FEMME DE LETTRES)*

Lundi **6 septembre**

BX BERTRAND DE GARRIGUES

Les religieuses de Mère Térésa prient sur sa tombe le jour anniversaire de sa mort, à Calcutta (Inde).
RUPAK DE CHOWDHURI

Dansez, sinon nous sommes perdus.

Pina Bausch *(1940-2009, danseuse et chorégraphe)*

Jeudi **29 avril**

Ste Catherine de Sienne

Le danseur de ballet hongrois Zsolt Kovacs interprète sa chorégraphie avec l'énergie des résistants.
Bernadett Szabo

Elle n'avait plus l'insouciance de la jeunesse qui digère toutes les tragédies parce qu'elle a le temps pour elle.

Pascal Bruckner *(né en 1948, romancier)*

Sam 4 /dim 5 sept.

Ste Rosalie
Ste Raïssa

Le typhon Dorian s'approche de Jacksonville (Floride) mais ne semble pas impressionner les derniers vacanciers. **Maria Alejandra Cardona**

Amateur de cerises est précoce grimpeur.

Proverbe allemand

Vendredi **30 avril**

St Pie V

Un enfant téméraire s'aventure dans les branches de ce bel arbre en fleurs à Dhaka, au Bangladesh.
Mohammad Ponir Hossain

**Je n'ai jamais voulu d'autres amies.
J'aime, justement,
ce qui ne va pas chez mes amies.**

LAURA KASISCHKE *(NÉE EN 1961, ROMANCIÈRE)*

Vendredi **3 septembre**

ST GRÉGOIRE LE GRAND

C'est la rentrée scolaire pour ces enfants en école primaire, à Marseille (France).
JEAN-PAUL PELISSIER

Le premier mai, c'est pas gai, je trime, a dit le muguet. Muguet, ne sois pas chicaneur, car tu donnes du bonheur.

GEORGES BRASSENS *(1921-1981, COMPOSITEUR ET INTERPRÈTE)*

Sam 1er / dim 2 mai

ST JOSEPH TRAVAILLEUR
ST ATHANASE D'ALEXANDRIE

À Saint-Phibert-de-Grand-Lieu (Loire-Atlantique), le muguet est cultivé avec soin.
STEPHANE MAHE

Les générations futures se moquent des exploits réels. Seul compte le talent du biographe qui les relate.

Bernard Werber *(né en 1961, écrivain)*

Jeudi **2 septembre**

Ste Ingrid de Skänninge

Le sauteur suédois Thobias Montler s'élance lors du championnat du monde d'athlétisme à Doha.
Kai Pfaffenbach

Le renard ne sent pas sa propre odeur.

James Freeman Clarke *(1810-1888, théologien et auteur)*

Lundi 3 mai

St Jacques le mineur

Ces petits renardeaux vivent encore le temps de l'insouciance et du jeu, dans cette forêt de Biélorussie. Vasily Fedosenko

Ils montaient dans la nuit et la paix vers le ciel étoilé. Ils oubliaient la Terre et ses horreurs absurdes. Ils étaient ensemble. Ils étaient bien.

RENÉ BARJAVEL *(1911-1985, ÉCRIVAIN ET JOURNALISTE)*

Mercredi 1er septembre

ST GILLES

Les aurores boréales sont magnifiques dans la région de Saint-Pétersbourg (Russie). ANTON VAGANOV

Les hommes réunis en trop grand nombre se nuisent, ne fut-ce que par l'air qu'ils respirent.

Louis-Joseph Mabire *(1789-1853, lexicographe)*

Mardi **4 mai**

St Sylvain de Gaza

À Cape-Town (Afrique du Sud), marcheurs et sportifs profitent de cette belle matinée pour s'aérer.
Mike Hutchings

Cueillez la grappe pendant qu'elle pend. On ne fait pas toujours vendange.

Marivaux *(1688-1763, journaliste et dramaturge)*

Mardi 31 août

St Aristide

La saison des vendanges du pinot noir bat son plein du côté de Wolxheim, en Alsace.
Vincent Kessler

Que de précautions il faut prendre pour ne pas dire le dernier mot le premier !

Pierre Descaves *(1924-2014, HOMME POLITIQUE)*

Mercredi **5 mai**

STE JUDITH

Dans la mosquée indonésienne de Bekasi, près de Djakarta, il faut préparer les espaces pour respecter les bonnes distances sanitaires. **Ajeng Dinar Ulfiana**

Le cœur trouve son matin dans la rosée des petites choses et s'en trouve rafraîchi.

KHALIL GIBRAN *(1883-1931, POÈTE)*

Lundi **30 août**

ST FIACRE

La rosée est venue se déposer sur une délicate toile d'araignée dans la région de Los Angeles, en Californie.
LUCY NICHOLSON

Ce qui embellit le désert, c'est qu'il cache un puits quelque part.

ANTOINE DE SAINT-EXUPÉRY *(1900-1944, AVIATEUR ET ÉCRIVAIN)*

Jeudi **6 mai**

ST JACQUES CHASTAN

Près de Kaboul (Afghanistan), cet homme vient chercher un peu d'eau à son puits.
MOHAMMAD ISMAIL

Il faut être léger comme l'oiseau et non comme la plume.

Paul Valéry *(1871-1945, poète et écrivain)*

Sam **28** / dim **29** **août**

St Augustin d'Hippone
Martyr de
St Jean Baptiste

Le carnaval de Notting Hill, à l'ouest de Londres, est réputé pour la chatoyance de ses costumes. **Eddie Keogh**

C'est quoi, réussir sa vie, sinon cela : cet entêtement d'une enfance, d'une fidélité simple. Ne jamais aller plus loin que ce qui vous enchante à ce jour. Christian Bobin *(né en 1951, poète).*

Vendredi 7 mai

Bse Gisèle

C'est un grand jour pour Johanna et Philipp qui célèbrent leur mariage, à Hanau (Allemagne).
Kai Pfaffenbach

Pourquoi grandir puisque, enfants, nous touchions déjà le ciel de nos petites mains d'argile rose ?

CHRISTIAN BOBIN *(NÉ EN 1951, ÉCRIVAIN ET POÈTE)*

Vendredi **27 août**

STE MONIQUE

Majestueux, les grands baobabs malgaches de Mondava saluent le lever du soleil.
BAZ RATNER

Je crois que chaque homme qui demeure bon et juste est un grand héros à sa façon.

DANIEL DESBIENS *(NÉ EN 1954, ÉCRIVAIN)*

Sam 8 / dim 9 mai

VICTOIRE 1945,
ST DÉSIRÉ
ST PACÔME LE GRAND

Le lever de lune souligne le profil du visage de cette statue militaire du mémorial américain, à Arlington (Virginie). JONATHAN ERNST

Le surf est le symbole de la vie. Essayer de se maintenir sur la crête des vagues et toujours finir par se retrouver sur le sable.

Denis Langlois *(né en 1940, écrivain et avocat)*

Jeudi 26 août

St César d'Arles

La surfeuse péruvienne Vania Torres en pleine action, lors des Jeux panaméricains.
Guadalupe Pardo

Le succès ce sont des heures de labeur avant tout.

ALBERT UDERZO *(1927-2020, DESSINATEUR)*

Lundi 10 mai

STE SOLANGE

Dans cette équipe de jeunes footballeurs allemands, l'entraînement est une école de la patience et de la répétition. KAI PFAFFENBACH

Le plus dur, ce n'est pas de devenir célèbre. C'est de retourner à l'anonymat.

JEAN-JACQUES GOLDMAN *(NÉ EN 1951, AUTEUR-COMPOSITEUR-INTERPRÈTE)*

Mercredi 25 août

ST LOUIS

La nuit est tombée sur les immenses immeubles résidentiels de Hong Kong, dans le quartier de Tuen Mun. KAI PFAFFENBACH

L'imagination est l'œil de l'âme.

JOSEPH JOUBERT *(1754-1824, MORALISTE ET ESSAYISTE)*

Mardi **11 mai**

STE ESTELLE

Puisque l'aquarium de New-York (États-Unis) est fermé, il ne reste que cette fresque de poisson à contempler. SHANNON STAPLETO

On ne devrait s'occuper d'amour qu'à l'âge de la retraite, quand le temps ne compte plus.

PAUL MORAND *(1888-1976, DIPLOMATE ET ACADÉMICIEN)*

Mardi 24 août

ST BARTHÉLEMY

La retraite a sonné pour ce bateau-phare qui a été en service de 1954 à 2019 sur le Rhin, près de Bâle (Suisse).
ARND WIEGMANN

L'herbe est toujours plus verte chez les autres. Jusqu'à ce qu'on découvre que c'est du gazon artificiel.

JACQUES SALOMÉ *(NÉ EN 1935, ÉCRIVAIN ET PSYCHO-SOCIOLOGUE)*

Mercredi **12 mai**

ST ACHILLE

Le gazon à l'anglaise est une passion poussée très loin par le propriétaire londonien de cette voiture.
RUSSELL BOYCE

Peut-être vaut-il mieux vivre divinement les choses d'ici-bas que vivre trop humainement les choses divines.

GUSTAVE THIBON *(1903-2001, ÉCRIVAIN ET PHILOSOPHE)*

Lundi **23** **août**

STE ROSE DE LIMA

L'enfant, avec son maquillage du dieu hindou Krishna, participe à la fête de Janmashtami à Dhaka, au Bangladesh.
MOHAMMAD PONIR HOSSAIN

La vérité est toujours plus surprenante que la fiction, parce que la fiction doit coller à ce qui est possible. Alors que la vérité, elle, n'y est pas obligée. Mark Twain *(1835-1910, écrivain)*

Jeudi 13 mai

Ascension
Notre-Dame de Fatima

La fusée SpaceX Falcon 9 emporte ce jour-là deux astronautes américains vers la station spatiale internationale. Steve Nesius

Le génie est le phare. Dieu est l'étoile.

Victor Hugo *(1802-1885, écrivain et poète)*

Sam 21 / dim 22 août

St Christophe
Mémoire de Marie Reine

Quel beau terrain d'exploration que ces rochers, au pied du phare de Peggys' Cove, en Nouvelle-Écosse. Carlo Allegri

Il n'y a qu'une façon d'être solidaire des humbles, c'est d'en faire partie, de vivre leur vie et d'endurer leurs souffrances. Il n'y a pas de tiers ordre. FRANÇOISE GIROUD *(1916-2003, JOURNALISTE ET FEMME POLITIQUE)*

Vendredi **14 mai**

ST MATTHIAS

À 86 ans, le rugbyman japonais Ryuichi Nagayama continue de tenir son rang dans l'équipe du club de Fuwaku. KIM KYUNG-HOON

Un départ sans un mot, c'est pire qu'un abandon. Le silence est une trahison.

MARC LÉVY *(NÉ EN 1961, ROMANCIER)*

Vendredi **20 août**

ST BERNARD DE CLAIRVAUX

Ce jeune Palestinien salue une dernière fois son oncle alors qu'il quitte le territoire de la bande de Gaza.
MOHAMMED SALEM

Un nuage sur l'âme couvre et décolore plus la terre qu'un nuage à l'horizon. Le spectacle est dans le spectateur.

ALPHONSE DE LAMARTINE *(1790-1869, POÈTE)*

Sam **15** / dim **16** **mai**

STE DENISE
ST HONORÉ

Une tornade d'eau se forme sur le lac Wright Patman, au Texas.
TEXAS GAME WARDEN

La nostalgie ? Ça vient quand le présent n'est pas à la hauteur des promesses du passé.

Neil Bissondath *(né en 1955, écrivain)*

Jeudi 19 août

St Jean Eudes

À La Havane, à Cuba, les limousines américaines transportent leur flot de touristes.
Fernando Medina

Donne tes mains pour servir et ton cœur pour aimer.

Mère Teresa *(1910-1997, religieuse)*

Lundi 17 mai

St Pascal

Les soignants de cet hôpital en Belgique manifestent contre la gestion de la crise sanitaire par les autorités du pays.
Yves Herman

Quand les mouettes ont pied, il est temps de virer.

PROVERBE BRETON

Mercredi 18 août

STE HÉLÈNE

Le ferry grec qui fait la navette vers l'île de Thassos intéresse aussi les mouettes qui viennent grapiller un peu de nourriture. YIANNIS KOURTOGLOU

Nous qui sommes nés au milieu des terres, nous nous sommes fait une idée de la mer à la seule vue d'un peu d'eau dans une petite coupe. Augustin d'Hippone *(354-430 AP. J.-C., ÉVÊQUE ET THÉOLOGIEN)*

Mardi 18 mai

ST DIOSCORE

Être baptisé de la main du pape François dans la chapelle Sixtine n'arrive pas à tout le monde. **Vatican Media**

La beauté est ce que vous ressentez à l'intérieur et cela se reflète dans vos yeux. Ce n'est pas quelque chose de physique.

SOPHIA LOREN *(NÉE EN 1934, ACTRICE)*

Mardi 17 août

STE CLAIRE DE MONTEFALCO

Derniers instants de maquillage avant le défilé, lors du festival de mode ukrainien à Kiev.
VALENTYN OGIRENKO

Longtemps, on aime encore en rougissant d'aimer.

BENARD-JOSEPH SAURIN *(1706-1781, AUTEUR ET CHANSONNIER)*

Mercredi **19 mai**

ST YVES

Un beau terrain de jeu pour ces enfants que ce champ de coquelicots, à Aubigny-au-Bac (Nord), près de Cambrai. PASCAL ROSSIGNOL

Cette immobilité sans entrave qu'on appelle la liberté.

William Faulkner *(1897-1963, romancier)*

Lundi 16 août

St Armel

Est-ce Gulliver qui est retenu dans cette sculpture de sable, lors du festival international d'Ashkelon, en Israël ?
Pascal Rossignol

L'âme humaine est comme l'abeille qui puise son miel même de l'amertume des fleurs.

Henryk Sienkiewicz *(1846-1916, écrivain)*

Jeudi **20** **mai**

St Bernardin de Sienne

Les pattes chargées de pollen, les abeilles rentrent à la ruche, près du village russe de Radkova.
Tatyana Makeyeva

Il abaisse les puissants et élève les humbles.

MARIE DE NAZARETH *(Ier SIÈCLE, MÈRE DE JÉSUS)*

Sam **14** / dim **15 août**

ST MAXIMILIEN KOLBE
ASSOMPTION
DE LA VIERGE MARIE

La fête de l'Assomption rassemble les fidèles à Cambrai (Nord).
BRENDAN MCDERMID

Avoir la foi, c'est monter la première marche même quand on ne voit pas tout l'escalier.

Martin Luther King *(1929-1968, pasteur et militant non-violent)*

Vendredi **21 mai**

St Constantin Ier le Grand

La montée des marches sur le tapis rouge du festival de Cannes est aussi un défi pour les artistes en grande tenue. Eric Gaillard

Aucune carte du monde n'est digne d'un regard si le pays de l'utopie n'y figure pas.

OSCAR WILDE *(1854-1900, ÉCRIVAIN)*

Vendredi **13 août**

ST HIPPOLYTE DE ROME

Cinquante ans après le festival de Woodstock des nostalgiques se souviennent à Bethel, près de New-York. AKHTAR SOOMRO

C'était la maison d'un paysan, mais, en fait d'hospitalité, elle valait celle d'un roi.

Jules Verne, *(1826-1905, ÉCRIVAIN)*

Sam **22** / dim **23** **mai**

St Émile
Pentecôte

Cette petite fille éthiopienne garde la maison de sa famille dans le village de Wetera Rasa.
Tiksa Negeri

La vache est un mammifère dont les jambes arrivent jusqu'à terre.

Jean-Charles *(1922-2003, HUMORISTE ET ÉCRIVAIN)*

Jeudi **12 août**

STE JEANNE-FRANÇOISE DE CHANTAL

Drôle de voyage pour cette vache qui est descendue d'un toit à l'aide d'une grue, lors du festival Eid al-Adha à Karachi, au Pakistan. **Ognen Teofilovski**

L'humour, c'est aussi une façon de résister.

GUY BEDOS *(1934-2020, HUMORISTE)*

Lundi **24 mai**

STS DONATIEN ET ROGATIEN

Dans un pays durement touché par la pandémie, ces artistes brésiliens ont trouvé leur manière d'être solidaires. ADRIANO MACHADO

Cœur et courage font l'ouvrage.

Proverbe français

Mercredi 11 août

Ste Claire d'Assise

Ces parapentistes se sont donné rendez-vous pour le championnat du monde de la discipline à Krusevo, en Macédoine du nord. Antonio Bronic

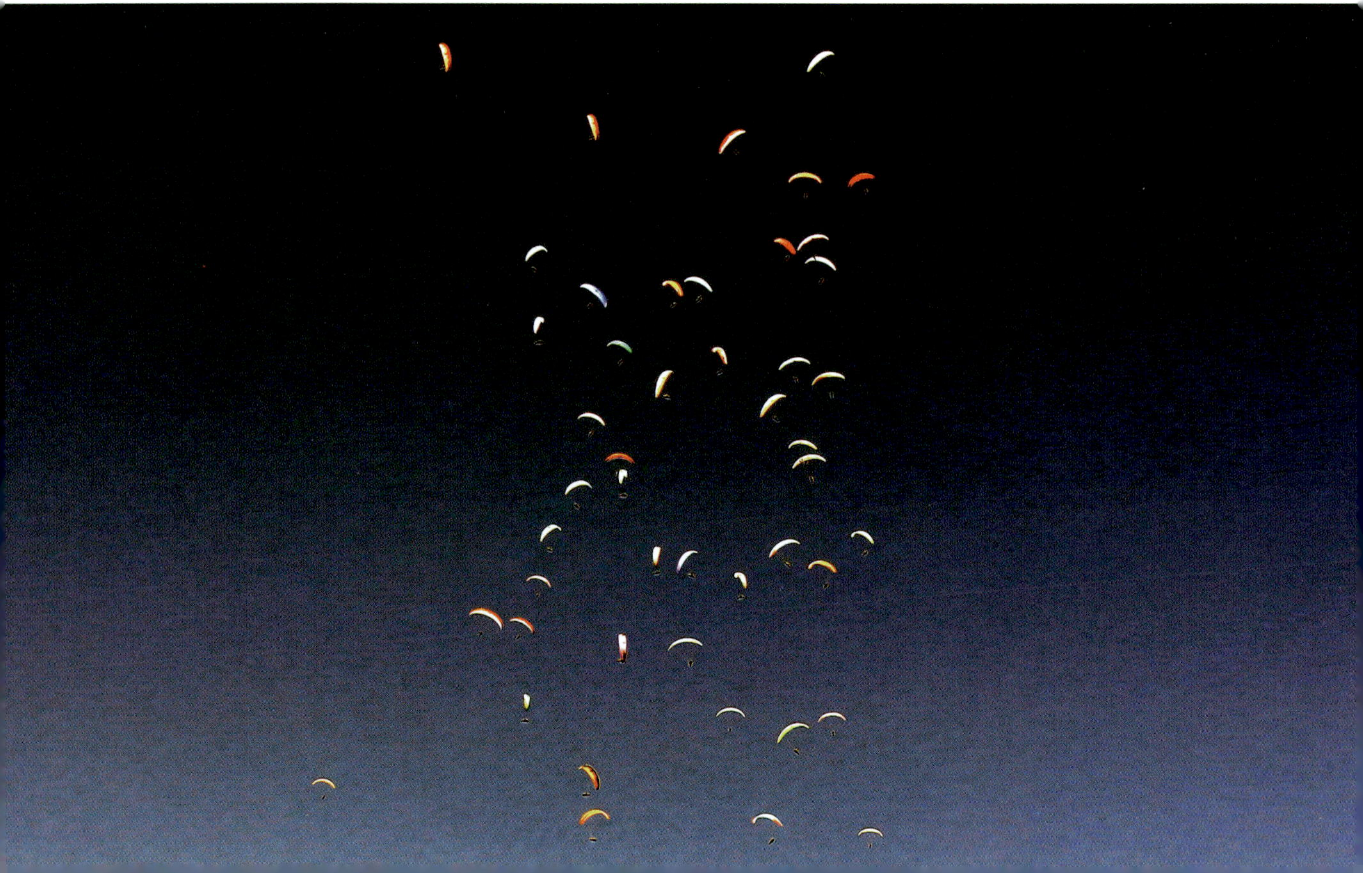

Le racisme est une peur devenue folle. Et c'est ce qu'il faut éviter à tout prix si l'on veut que l'humanité survive.

GERMAINE TILLION *(1907-2008, RÉSISTANTE ET ETHNOLOGUE)*

Mardi 25 mai

STE MADELEINE-SOPHIE BARAT

La mort de George Floyd, asphyxié sous le genou d'un policier américain, a profondément marqué les esprits à travers le monde. BAZ RATNER

On appelle voiture d'occasion, une voiture dont toutes les pièces font du bruit sauf le klaxon.

PIERRE DAC *(1893-1975, HUMORISTE)*

Mardi **10 août**

ST LAURENT DE ROME

Ces 2 CV sont réunies pour le 100e anniversaire du constructeur Citroën, fêté pour l'occasion à Samobor, en Croatie. DAVID W CERNY

Il faut renoncer aux territoires physiques et habiter le territoire de l'imaginaire.

LUIS SEPULVEDA *(1919-2020, ROMANCIER)*

Mercredi **26 mai**

ST BÉRENGER

Le pollen végétal s'accumule sur les bords du lac Léman, à Villeneuve (Suisse).
DENIS BALIBOUSE

L'amour naît par la tendresse et s'entretient par la douceur.

Roger Bussy-Rabutin *(1618-1693, philosophe et écrivain)*

Lundi **9 août**

Ste Thérèse Bénédicte de la Croix

Simple comme une vie de chat dans le village tchèque de Krompach.
Jan Skowron

L’arbre qui ne fait pas de fruit du moins prête son ombre.

Proverbe provençal

Jeudi 27 mai

St Augustin de Cantorbéry

La joueuse de tennis lettone Anastasija Sevastova lutte durant son match de l’Open de France de Roland-Garros à Paris. Gonzalo Fuentes

Quand on demande aux gens d'observer le silence, au lieu de l'observer, comme on observe une éclipse de lune, ils l'écoutent !

RAYMOND DEVOS *(1922-2006, HUMORISTE)*

Sam **7** /dim **8 août**

ST GAÉTAN DE THIENE
ST DOMINIQUE

L'observatoire astronomique de l'université de Varsovie, installé au Chili, est cerné par la splendeur de la Voie lactée. KYODO VIA

La musique, il ne faut pas la mettre en prison. Beaucoup de gens écoutent la musique avec des œillères.

MANU DIBANGO *(1933-2020, MUSICIEN)*

Vendredi **28 mai**

ST GERMAIN DE PARIS

Un rossignol chante de tout son cœur dans ce parc biélorusse, à Minsk.
VASILY FEDOSENKO

Le souvenir, c'est ce qu'il reste de mémoire à l'oubli.

HENRI DE RÉGNIER *(1864-1936, ÉCRIVAIN)*

Vendredi **6 août**

TRANSFIGURATION DU SEIGNEUR

Magie des lanternes traditionnelles japonaises qui rendent hommage aux victimes des bombardements atomiques à Hiroshima. IVAN ALVARADO

Rien ne vaut une douce maman.

LÉON TOLSTOÏ *(1828-1910, ÉCRIVAIN)*

Sam **29** / dim **30 mai**

STE URSULE
SAINTE TRINITÉ

La jeune maman Evgenia et son nouveau-né, Platon, profitent d'un moment de calme, à Moscou (Russie).
EVGENIA NOVOZHENINA

Le succès se mesure par la joie extérieure. Le progrès se mesure par la paix intérieure.

SRI CHINMOY *(1931-2007, POÈTE)*

Jeudi 5 août

ST ABEL DE LOBBES

L'athlète Priscilla Frederick célèbre à sa façon sa réussite au saut en hauteur, lors des jeux panaméricains de Lima, au Pérou. FELINE LIM

Mais pourquoi on laisse tourner l'monde à l'envers. Sans prendre l'air. Sans s'donner le temps de r'tourner à l'endroit où il fait bon vivre.

Jacques Higelin *(1940-2018, auteur-compositeur-interprète)*

Lundi 31 mai

Visitation de la Vierge Marie

Sur la côte, à Brighton (Grande-Bretagne), cette maison rappelle, non sans humour, la force des tempêtes locales.
Toby Melville

Nous ne sommes que de dérisoires étincelles au regard de l'univers. Puissions-nous avoir la sagesse de ne pas l'oublier.

HUBERT REEVES *(NÉ EN 1932, ASTROPHYSICIEN)*

Mercredi 4 août

ST JEAN-MARIE VIANNEY

La statue de sir Stamfort Raffles semble contempler les feux d'artifice de la fête nationale à Singapour.
YVES HERMA

Toujours viser plus haut ! Pas par ambition : par devoir...

Gilbert Cesbron *(1913-1979, écrivain)*

Mardi 1er juin

St Justin

Il y a de la vie dans ce troupeau de cervidés d'une ferme kazakhe, dans la région d'Almaty.
Pavel Mikheyevv

Chaque rencontre est porteuse d'un changement possible.

Jacques Salomé *(né en 1935, psycho-sociologue)*

Mardi 3 août

Ste Lydie

Face-à-face étrange avec l'étonnant Bec-en-sabot du Nil, un grand échassier du parc animalier de Brugelette, en Belgique. Denis Balibouse

Nous avons besoin de ponts, pas de murs.

François *(né en 1936, pape et évêque de Rome)*

Mercredi **2 juin**

Sts Blandine et Pothin

Les immenses bateaux de croisière qui s'avancent dans la lagune sont de plus en plus mal vus par les Vénitiens. **Manuel Silvestri**

Lorsque tout semble aller contre vous, souvenez-vous que les avions décollent toujours face au vent.

HENRY FORD *(1863-1947, INDUSTRIEL)*

Lundi 2 août

ST PIERRE-JULIEN EYMARD

Les avions de la patrouille aérienne suisse montrent leur savoir-faire au-dessus du lac Léman, lors de la fête des vignerons. RONEN ZVULUN

On se demande parfois si la vie a un sens... et puis on rencontre des êtres qui donnent un sens à la vie.

Brassaï *(1899-1984, photographe)*

Jeudi **3 juin**

St Kevin

À l'occasion de la journée mondiale du vélo, cette installation ludique, à Bruxelles (Belgique), permet de pédaler la tête en bas. **Francois Lenoir**

Le mystère est le meilleur artisan du merveilleux.

Ursula Le Guin *(1929-2018, AUTEURE DE SCIENCE-FICTION)*

Sam **31 juillet** /dim **1er août**

ST IGNACE DE LOYOLA
ST ALPHONSE-MARIE DE LIGUORI

À Jérusalem, des enfants jouent avec les fontaines.
P. Ravikumar

Fais que chaque heure de ta vie soit belle. Le moindre geste est un souvenir futur.

Claude Aveline *(1901-1992, poète)*

Vendredi **4** **juin**

Ste Clotilde

Le tennisman Rafael Nadal lutte face à l'Argentin Juan Ignacio Londero, lors du tournoi de Roland-Garros, à Paris. Kai Pfaffenbach

La mère doit se considérer comme le soleil de son enfant, astre immuable et toujours rayonnant.

Henri-Frédéric Amiel *(1821-1881, écrivain et philosophe)*

Vendredi **30 juillet**

Ste Juliette

La vie est rude à Chennai, en Inde, pour cette femme et son enfant, obligée d'aller chercher de l'eau potable à un réservoir municipal. Charles Platiau

Le vrai courage ne se laisse jamais abattre.

François de Salignac de La Mothe-Fénelon *(1651-1715, évêque et écrivain)*

Sam 5 / dim 6 juin

St Boniface
St Claude

Il y a 75 ans déjà, des parachutistes américains, comme ceux-ci, avaient sauté au-dessus de Sannerville, en Normandie. Christian Hartmann

Quand nous pensons nous envoler, notre bond maladroit nous est plus cher que la marche la plus sûre en un chemin tout tracé.

Ernst Jünger *(1895-1998, écrivain)*

Jeudi **29** **juillet**

Ste Marthe

Le festival de Chambley en France battra-t-il le record du monde du nombre de ballons en vol en même temps durant une heure ? **Orlando Ramirez**

Les nuages, c'est comme les rêves. Tantôt gais, tantôt tristes. On croit les tenir, ils se décomposent sous la main.

Harry Bernard *(1898-1979, romancier)*

Lundi 7 juin

St Gilbert

Un terrible attentat suicide vient d'être commis en plein cœur de Kaboul, dans la capitale afghane.
Omar Sobhan

En rugby, c'est difficile de parler de soi. On dépend tellement des autres.

ERIC CHAMP *(NÉ EN 1962, JOUEUR DE RUGBY)*

Mercredi **28 juillet**

ST SAMSON

Laure Sansus se jette dans l'en-but lors d'une rencontre de rugby entre l'équipe féminine de France et celle des États-Unis.
ANTARA FOTO / WAHDI SEPTIAWAN

L'avenir appartient à ceux qui croient en la beauté de leurs rêves.

ELEANOR ROOSEVELT *(1884-1962, ANCIENNE PREMIÈRE DAME DES ÉTATS-UNIS)*

Mardi 8 juin

ST MÉDARD DE NOYON

C'est jour de pluie au Sri Lanka. Heureusement, les parapluies apportent un peu de couleur dans la grisaille ambiante. DINUKA LIYANAWATTE

Lorsque, la hache à la main, le bûcheron atteint la forêt, les arbres se disent : le manche est des nôtres.

René Hausman *(1936-2016, illustrateur)*

Mardi **27 juillet**

Ste Nathalie
et ses compagnons

Triste spectacle que la déforestation en cours dans cette immense plantation de palmiers du district indonésien de Muarojambi. Mohsin Raza

Quel est le plus profond, le plus impénétrable des deux : l'océan ou le cœur humain?

ISIDORE DUCASSE, DIT COMTE DE LAUTRÉAMONT *(1846-1870, POÈTE)*

Mercredi **9 juin**

ST ÉPHREM LE SYRIEN

Quelle chance de pouvoir contempler ce siphonophore, une créature des fonds marins, proche des méduses.
SCHMIDT OCEAN INSTITUTE

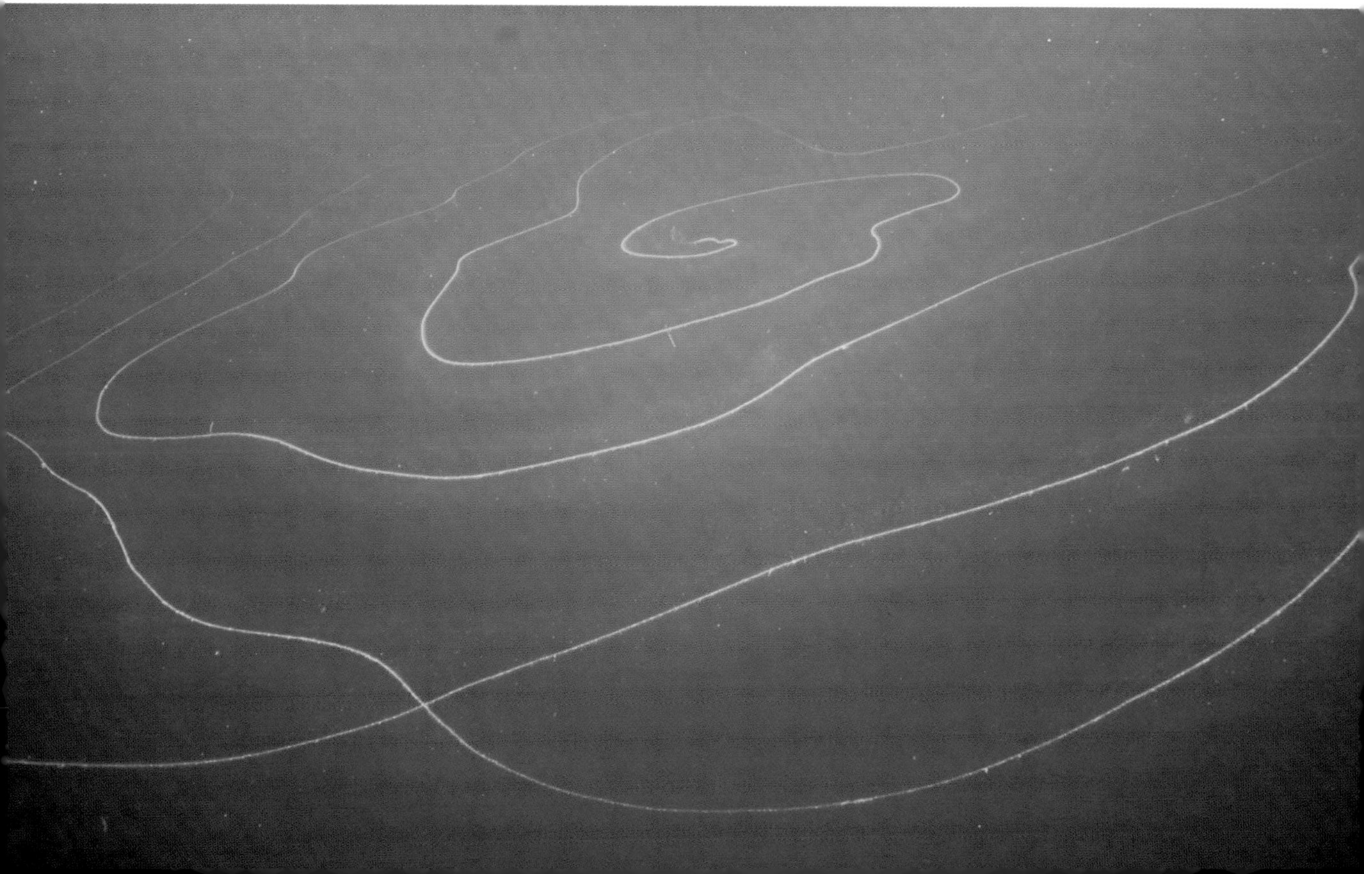

La fatalité n'a pas d'explication. On l'accepte ou on ne l'accepte pas. Les gens simples l'acceptent.

MACHA MÉRIL *(NÉE EN 1940, ACTRICE)*

Lundi **26 juillet**

STS ANNE ET JOACHIM

Les inondations qui ont frappé Lahore, au Pakistan, n'empêchent pas ce vendeur de proposer ses légumes aux passants. CHRISTIAN HARTMANN

Je ne connais pas ton nom mais je sais ce que ton regard me dit.

Mario Benedetti *(1920-2009, écrivain)*

Jeudi 10 juin

St Landry

Il y a comme un air de famille chez ce petit lémurien et sa mère, du zoo Ueno de Tokyo, au Japon.
Yuriko Nakao

L'obstination
est le chemin de la réussite.

CHARLIE CHAPLIN *(1889-1970, ACTEUR ET RÉALISATEUR)*

Sam 24 / dim 25 juillet

STE CHRISTINE
ST CHRISTOPHE

Le Colombien Egan Bernal remporte le Tour de France en arrivant sur les Champs-Elysées, à Paris. LUCY NICHOLSON

Ce n'est pas la victoire qui rend l'homme beau, c'est le combat.

MADELEINE FERRON *(1922-2010, ROMANCIÈRE)*

Vendredi 11 juin

ST BARNABÉ

Le match de football est fini. Le Pays de Galles vient de se qualifier contre la Hongrie pour la coupe d'Europe. ANDREW BOYERS

Le plus grand échec est de ne pas avoir le courage d'oser.

Abbé Pierre *(1912-2007, prêtre et fondateur des Compagnons d'Emmaüs)*

Vendredi **23 juillet**

Ste Brigitte de Suède

Les anneaux olympiques devant le musée olympique à Tokyo sont un terrain de jeu pour ce petit Japonais.
Athit Perawongmetha

Le crépuscule est un breuvage qui enivre et endort la terre et le ciel.

JEAN-MARIE GUSTAVE LE CLÉZIO *(NÉ EN 1940, ÉCRIVAIN)*

Sam 12 / dim 13 juin

BX GUY VIGNOTELLI
ST ANTOINE DE PADOUE

Le soleil se couche sur les cabines de plage de Cayeux-sur-Mer (Somme).
PASCAL ROSSIGNOL

Plutôt un jeune sage qu'un vieux fou.

Proverbe islandais

Jeudi 22 juillet

Ste Marie Madeleine

À l'Assemblée nationale, la jeune activiste écologiste Greta Thunberg est venue écouter les débats en cours.
Philippe Wojazer

Tout ouvrage recèle une part d'humanité, de vérité, de beauté, de savoir.

David S. Khar *(né en 1969, romancier)*

Lundi **14 juin**

St Élisée

Il n'est jamais trop tard pour apprendre : cours de tricot à Ciudad Juarez, au Mexique.
Jose Luis Gonzalez

Quand je suis dans l'eau, j'ai des idées. Quand j'en suis sorti, je sèche.

ROGER PIERRE *(1923-2010, HUMORISTE)*

Mercredi **21 juillet**

ST LAURENT DE BRINDISI

La rupture de cette canalisation d'eau à Calcutta, en Inde, aura au moins fait un heureux.
RUPAK DE CHOWDHURI

L’important ce n’est pas le lieu où on se trouve, c’est l’état d’esprit dans lequel nous sommes.

ANNA GAVALDA *(NÉE EN 1970, ROMANCIÈRE)*

Mardi **15 juin**

STE GERMAINE COUSIN

À la fin du Ramadan, ce jeune Palestinien de la bande de Gaza gonfle un ballon pour l’accrocher aux ruines d’une maison détruite. IBRAHEEM ABU MUSTAFA

Il suffit qu'une voix s'élève et appelle à la liberté dans un pays pour redonner courage à ceux qui sont à l'autre bout du monde.

Kofi Annan *(1938-2018, diplomate)*.

Mardi **20 juillet**

St Aurèle

Un véhicule de patrouille longe la barrière qui marque la frontière entre les États-Unis et le Mexique, à Ciudad Juarez. **Daniel Becerril**

L'espace est la forme de la puissance des hommes. Le temps la forme de leur impuissance.

Jean d'Ormesson *(1925-2017, écrivain et journaliste)*

Mercredi **16 juin**

St Jean-François Régis

L'Open américain de golf bat son plein. Le joueur Tiger Woods tente sa chance sur le 9e trou du parcours.
Rob Schumacher

Ce qui permet de contempler la nécessité et de l'aimer, c'est la beauté du monde. Sans la beauté, ce ne serait pas possible.

Simone Weil *(1909-1943, PHILOSOPHE)*

Lundi 19 juillet

STE MACRINE LA JEUNE

Coucher de soleil sur la plage de La Serena, au Chili.
Rodrigo Garrido

Voyager est un triple plaisir : l'attente, l'éblouissement et le souvenir.

ILKA CHASE *(1905-0978, ACTRICE)*

Jeudi 17 juin

ST HERVÉ

À l'occasion de la grande parade fluviale de l'armada de Rouen, le galion espagnol Andalucia s'avance, majestueux. CHARLES PLATIAU

On se sert des couleurs.
Mais on peint avec le sentiment.

Jean Chardin *(1643-1713, ARTISTE)*

Sam 17 / dim 18 juillet

BSE CHARLOTTE ET LES CARMÉLITES DE COMPIÈGNE
ST FRÉDÉRIC

L'art urbain s'est fait une place dans ce quartier de Chua Uma, à La Paz en Bolivie. **David Mercado**

L’amitié est une petite fleur très fragile. Il ne faut pas le mettre entre toutes les mains.

MICHEL-GEORGES DUBOSC *(1854-1927, PEINTRE ET JOURNALISTE)*

Vendredi 18 juin

ST LÉONCE DE TRIPOLI

Une rose, comme cadeau, pour marquer la fin du Ramadan, lors des festivités à Mumbai, en Inde.
FRANCIS MASCARENHAS

Parcourir l'arbre. Se lier aux jardins. Se mêler aux forêts. Plonger au fond des terres. Pour renaître de l'argile.

ANDRÉE CHEDID *(1920-2011, POÈTE ET ROMANCIÈRE)*

Vendredi **16 juillet**

NOTRE DAME DU MONT CARMEL

La compétition de saut synchronisé fait rage durant les championnats du monde de natation à Gwangju, en Corée du Sud. ANTONIO BRONIC

C'est toi mon Fils bien-aimé. En Toi, j'ai mis tout mon amour.

Marc *(Ier siècle ap. J.-C., évangéliste)*

Sam 19 / dim 20 juin

St Jude
St Silvère

Ce père est très fier de sa petite fille, dans ce champ de plants de moutarde en fleurs, au Bangladesh.
Mohammad Ponir Hossai

Les enfants n'ont point d'affaires plus sérieuses que leurs jeux.

Michel de Montaigne *(1533-1592, philosophe)*

Jeudi **15 juillet**

St Bonaventure

Dans cette usine de recyclage de plastiques à Dhaka, au Bangladesh, les enfants au travail restent des enfants.
Mohammad Ponir Hossain

Il faut avoir une part de délire. C'est la poésie, c'est l'incertitude, c'est l'hésitation, c'est le trouble et c'est la source de la créativité.

Boris Cyrulnik *(1937, neuropsychiatre)*

Lundi **21 juin**

St Louis de Gonzague

Les passionnés des Rolling Stones se sont donné rendez-vous pour leur concert à Chicago (États-Unis).
Daniel Acke

Les bonnes idées viennent la nuit pendant que les mauvaises idées dorment.

David Foenkinos *(né en 1974, romancier et scénariste)*

Mercredi 14 juillet

St Camille de Lellis, Fête nationale

Tour Eiffel et feux d'artifices font bon ménage à Paris.
Benoit Tessier

Bâtir la société, c'est prendre le parti de la justice, de la fraternité, de l'amour.

Jean-Paul II *(1920-2005, pape et évêque de Rome)*

Mardi **22 juin**

St Auban

Un membre de l'ONG Proactiva Open Arms offre un peu de réconfort à cet homme réfugié qui vient de monter à bord du navire qui le recueille. **Juan Medina**

Celui qui se souille d'un mensonge, toutes les eaux de la terre ne le laveront jamais.

LAURE CONAN *(1845-1924, ROMANCIÈRE)*

Mardi **13 juillet**

ST HENRI II

Rien de tel qu'un bon bain pour nettoyer le plumage de ce pélican du zoo de Dvur Kralove, en République tchèque.
DAVID W CERNY

Chaque enfant qui naît, le monde recommence.

Gilbert Bécaud *(1927-2001, chanteur)*

Mercredi **23 juin**

St Etheldrède

Pour Luis, Ana et leur fille, famille bolivienne de La Paz, l'arrivée d'un nouveau-né est un moment magique. **David Mercado**

Il n'y a pas de hasards.
Il n'y a que des rendez-vous.

PAUL ELUARD *(1895-1952, POÈTE)*

Lundi 12 juillet

STS NABOR ET FÉLIX

Deux ouvriers afghans attendent le long de cette route à Kaboul, en Afghanistan, d'être embauchés. MOHAMMAD ISMAIL

La seule possibilité de donner un sens à son existence, c'est d'élever la relation naturelle avec le monde à la hauteur d'une relation spirituelle.

ALBERT SCHWEITZER *(1875-1965, MÉDECIN ET THÉOLOGIEN)*

Jeudi **24 juin**

ST JEAN BAPTISTE

L'impressionnante falaise près du village de Predushchelnoe, en Crimée, est un beau cadre pour se prendre en photo.
ALEXEY PAVLISHAK

Le tennis est une combinaison parfaite d'une action violente qui se déroule dans une atmosphère de tranquillité.

Billie Jean King *(née en 1943, joueuse de tennis)*

Sam 10 / dim 11 juillet

St Ulric
St Benoît de Nursie

La paire française Nicolas Mahut et Édouard Roger-Vaselin n'a pas fait le poids devant les Colombiens, à Wimbledon. Andrew Couldridge

De temps en temps, il faut se reposer de ne rien faire.

JEAN COCTEAU *(1889-1963, DRAMATURGE)*

Vendredi **25 juin**

ST PROSPER D'AQUITAINE

Pour cet élève d'une école de La Havane, à Cuba, la fatigue est manifeste en cette fin d'année scolaire.
ALEXANDRE MENEGHINI

L’attention, en tout, c’est ce qui nous sauve.

JACQUES-BÉNIGNE BOSSUET *(1627-1704, PRÉDICATEUR)*

Vendredi 9 juillet

STS AUGUSTIN ZHAORONG ET SES COMPAGNONS

Cet assistant toréro doit rester concentré lors de cette corrida de la fête de saint Firmin, à Pampelune, en Espagne. JON NAZCA

Le visage fait connaître la couleur du cœur.

Dante Alighieri *(1265-1321, POÈTE)*

Sam 26 /dim 27 juin

ST ANTHELME
ST CYRILLE
D'ALEXANDRIE

Le festival de Glastonbury, dans le Somerset anglais, est aussi l'occasion pour les belles de sortir leurs plus beaux chapeaux. **Henry Nicholls**

Comme les grands seigneurs en voyage, les événements envoient devant eux des courriers pour annoncer leur arrivée.

VICTOR CHERBULIEZ *(1829-1899, ROMANCIER ET ESSAYISTE)*

Jeudi **8 juillet**

STS AQUILA ET PRISCILLE

Tout est prêt pour accueillir la chancelière allemande et le premier ministre du Danemark à Berlin, en Allemagne.
HANNIBAL HANSCHKE

Dans un incendie, entre un Rembrandt et un chat, je sauverais le chat.

ALBERTO GIACOMETTI *(1901-1966, PEINTRE ET SCULPTEUR)*

Lundi **28 juin**

ST IRÉNÉE DE LYON

Larry est un chat célèbre depuis qu'il fréquente la maison du premier ministre britannique, au 10 Downing Street. PETER NICHOLLS

On ne possède pas le bonheur comme une acquisition définitive. Il s'agit à chaque instant de faire jaillir une étincelle de joie.

SŒUR EMMANUELLE *(1908-2008, RELIGIEUSE.)*

Mercredi 7 juillet

ST RALPH MILNER

Megan Rapinoe, capitaine de l'équipe américaine féminine de football, célèbre son titre de championne du monde.
LUCY NICHOLSON

Certains êtres ont besoin de la distance qui les sépare de nous et que cette distance demeure infranchissable. Ils y puisent leur nourriture.

CHRISTIAN BOBIN *(NÉ EN 1951, ÉCRIVAIN ET POÈTE)*

Mardi **29** **juin**

STS PIERRE ET PAUL

La grande plage de Travemuende, en Allemagne, accueille les vacanciers venus profiter du soleil.
FABIAN BIMMER

Qu'est-ce donc que notre visage, sinon une citation ?

Roland Barthes *(1915-1980, philosophe et sémiologue)*

Mardi **6 juillet**

Ste Maria Goetti

Le pilote Jurgis Kayris vient de dessiner ce visage dans le ciel durant ce show aérien à Tukums, en Lettonie. **Ints Kalnins**

Le respect est une barrière qui protège également le grand et le petit. Chacun de son côté peut se regarder en face.

HONORÉ DE BALZAC *(1799-1850, ÉCRIVAIN)*

Mercredi 30 juin

ST MARTIAL DE LIMOGES

Jour ordinaire au sein du parc national Hwanfe, au Zimbabwe, où girafes et éléphants se croisent quotidiennement. PHILIMON BULAWAYO

Dieu regarde les mains pures, non les mains pleines.

Proverbe latin médiéval

Lundi **5 juillet**

St Antoine-Marie Zaccaria

Un couple s'en va, la main dans la main, dans une rue commerçante de Madrid, en Espagne.
Susana Vera

Se souvenir qu'un journal est une unité de surface : c'est la superficie qu'un ouvrier agricole peut labourer en une journée.

GEORGES PEREC *(1936-1982, ÉCRIVAIN ET VERBICRUCISTE)*

Jeudi 1er juillet

ST THIERRY

À côté de la plage d'Ipanema, à Rio de Janeiro (Brésil), toutes les occasions sont bonnes pour s'informer.
JORGE SILVA

La poésie éclaire comme un feu d'artifice. Elle ne veut pas chasser la nuit mais, au contraire, en tirer parti.

Johahnn Paul Friedrich Richter *(1763-1825, écrivain)*

Sam **3** /dim **4** **juillet**

St Thomas
Ste Elisabeth
du Portugal

À New-York, les curieux se rassemblent pour voir les feux d'artifice tirés pour la fête nationale américaine. Eduardo Munoz

Le vélo, c'est le moyen et peut être l'art d'extraire le plaisir d'une contrainte.

Jean Bobet *(né en 1930, champion cycliste)*

Vendredi **2 juillet**

Bse Eugénie Joubert

Entre Mâcon et Saint-Étienne, les coureurs du Tour de France ne relâchent pas leur effort.
Gonzalo Fuentes